断片的なものの社会学

岸政彦 Kishi Masahiko

朝日出版社

断片的なものの社会学

イントロダクション――分析されざるものたち

お父さん、犬が死んでるよ。

沖縄県南部の古い住宅街。調査対象者の自宅での、夜更けまで続いたインタビューの途中で、庭のほうから息子さんが叫んだ。動物好きの私はひどく驚きうろたえたが、数秒の沈黙ののち、語り手は一瞬だけ中断した語りをふたたび語り出した。私は、え、いいんですか?と尋ねたが、彼は、いやいや、いいんです、大丈夫とだけ言った。そしてインタビューはなにごともなかったかのように再開され、その件についてはー言も触れられないまま、聞き取りは終わり、私は那覇のホテルに帰った。その後その語り手の方とは二度とお会いしていない。

イントロダクション
分析されざるものたち

二〇一三年に、『同化と他者化――戦後沖縄の本土就職者たち』（ナカニシヤ出版）という、一冊の本を書いた。高度成長期に沖縄から出稼ぎや集団就職で本土に来た若者たちは、その後ほとんどが「日本人」になることなくUターンしていったのだが、かれらは東京や大阪でどのような仕事につき、どのような暮らしを営み、「日本」をどのように体験したのだろう。そして、なぜかれらのほとんどが後に沖縄に帰ってしまったのだろうか。当時の本土移動とUターンを経験した方がたから、そのくわしい体験談を聞き取り、一冊の本にまとめたのである。

　社会学を研究するやりかたにはいろいろあるが、私は、ある歴史的なできごとを体験した当事者個人の生活史の語りをひとりずつ聞き取るスタイルで調査をしている。これまで、数多くの人びとと出会い、その語りを記録した。

　この『同化と他者化』は、沖縄の人びととの個人的な語りを通じて戦後沖縄史の一断面を描いた本だが、二〇一四年はもう一冊、『街の人生』という本を書いた（勁草書房）。元ホームレス、摂食障害の当事者、風俗嬢、外国籍のゲイ、「ニューハーフ」の五名の方がたへの聞き取りを集めた本である。『同化と他者化』では、沖縄の人びとの語りを、沖縄の戦後史と照らし合わせて大胆に解釈したが、『街の人生』では、そうした解釈は一切入れなかった。ただ、語られたときの、語られたままの語りを、ほぼそのまま収録した。

冒頭の話は、『同化と他者化』を書くために、沖縄で聞き取り調査をしていて、その現場で体験した情景である。

私は沖縄出身ではない。内地人（ナイチャー）、大和人（ヤマトンチュ）、あるいは「日本人」など、いろいろな呼び方があるが、とにかく沖縄ではよそものである。調査をやりだした若いころは、沖縄に何のコネもつながりもなく、語り手を探し当てるのに非常に苦労した。調査が終わっても、その語りをどう解釈するかについては、終わりのない懐疑、迷い、呻吟《しんぎん》がいつまでも続く。そもそも個人の語りをよそものである私が勝手に解釈してよいのかどうかについてさえ、答えはない。しかも私は、基地や貧困を沖縄に「押し付けている」その当事者である。

だから私は、一方ではなんとかして「社会学」という学問の範囲に収まるように分析をおこなうのだが（そしてそれはそれでとても大事な仕事だ）、他方で、なるべく自分自身の解釈から外れるような語りやエピソードを大切にしようと思っている。いや、むしろ私の狭い理論や理解から外れるようなもののほうに、ほんとうに印象的な語りやエピソードがあるのだ。

冒頭の「犬の死」のエピソードは、当時五十代の男性へのインタビューのなかでおきたものである。語りそのものは『同化と他者化』におさめられているが、この、とつぜん「外から」やってきた情景については、何も書いていない。

しかし私は、あの夜から十年以上が経ったいまでも、庭から聞こえてきた彼の息子の声、語りが一瞬だけ停止したときの彼の顔、そしてそのときの居間の間取りや家具の配置などを、鮮烈に思い出すことができる。

インタビュー中の犬の死というこのできごとは、沖縄の歴史や社会、あるいは社会学という学問の成り立ち、社会調査の方法論や理論など、およそ調査に関わるあらゆることから無関係に生じている。しかしなぜか私は、このできごとが忘れられない。むしろインタビュー内容よりも覚えているぐらいである。

その犬はどれくらい可愛がられていただろうか。なきがらはどのように葬られたのだろうか。驚くほど冷淡にその場をやりすごした語り手は、インタビューが終わってから、すこしは泣いただろうか。息子は冷淡な父親に傷ついただろうか。こうしたことが頭から離れない。

そしてさらに、そういう、その場にいたら誰もが普通に思うだろうことがらを超えて、もっとも私が惹かれるのが、このできごとの「無意味さ」である。あの犬の死はあまりに唐突すぎて、私には理解不能なことだったし、語り手にもおそらくそれはそうだったのだろう。内地から社会学者が自宅までインタビューをしにきたその夜に、飼い犬が死ぬ。数秒の沈黙だけであとは何もなかったように処理されたのは、おそらくその場にいた私にも語り手にも、それがその場の会話に組み込めない、理解できないできごとだったからに違いない。それはまるでラテンアメリカの作家によって書かれた、「何が書いてあるのかはっきりとわからないが、妙に記憶にだけ残る短編小説」のような夜だった。

私には幼稚園ぐらいのときに奇妙な癖があった。路上に転がっている無数の小石のうち、どれでもいいから適当にひとつ拾い上げて、何十分かうっとりとそれを眺めていたのだ。広い地球で、「この」瞬間に「この」場所で「この」私によって拾われた「この」石。そのかけがえのなさと無意味さに、いつまでも震えるほど感動していた。

統計データを使ったり歴史的資料を漁《あさ》ったり、社会学の理論的な枠組みから分析をおこなったりと、そういうことが私の仕事なのだが、本当に好きなものは、分析できないもの、ただそこにあるもの、日晒しになって忘れ去られているものである。

私は、ネットをさまよって、一般の人びとが書いた厖大《ぼうだい》なブログやTwitterを眺めるのが好きだ。五年も更新されていない、浜辺で朽ち果てた流木のようなブログには、ある種の美しさがある。工場やホテルなどの「廃墟」を好む人びとはたくさんいるが、いかにもドラマチックで、それはあまり好きではない。それよりもたとえば、どこかの学生によって書かれた「昼飯なう」のようなつぶやきにこそ、ほんとうの美しさがある。それに比べれば犬の死はかなり強い印象を残すエピソードだが、私はどうしてもあのできごとを、なにかの「ストーリー」にまとめることができないでいる。小石も、ブログも、犬の死も、すぐに私の解釈や理解をすり抜けてしまう。それらはただそこにある。

ここでは書ききれないが、聞き取り調査の現場では、このような唐突で理解できないできごとが、ほかにも無数に起きている。そして、そうした理解できないことがらは、聞き取り現場のなかだけでなく、日常生活にも数えきれないほど転がっている。社会学者としては失格かもしれないが、いつかそうした「分析できないもの」ばかりを集めた本を書きたいと思っていた。

社会学者として、語りを分析することは、とても大切な仕事だ。しかし、本書では、私がどうしても分析も解釈もできないことをできるだけ集めて、それを言葉にしていきたいと思う。テーマも不統一で、順番もバラバラで、文体やスタイルもでこぼこだが、この世界のいたるところに転がっている無意味な断片について、あるいは、そうした断片が集まってこの世界ができあがっていることについて、そしてさらに、そうした世界で他の誰かとつながることについて、思いつくままに書いていこう。

目次

人生は、断片的なものが集まってできている

もう十年以上前にもなるだろうか、ある夜遅く、テレビのニュース番組に、天野祐吉が出ていた。キャスターは筑紫哲也だったように思う。イランだかイラクだかの話をしていて、筑紫が「そこでけが人が」と言ったとき、天野が小声で「毛蟹?」と言った。筑紫は「いえ、けが人です」と答え、ああそう、という感じで、そのまま話は進んでいった。

すでに書いたように、私は社会学というものを仕事にしている。特に、人びとに直接お会いして、一人ひとりのお話を聞く、というやり方で、その仕事をしている。主なフィールドは沖縄だが、他にも被差別部落でも聞き取りをしている。また、自分の人生で出会っ

たさまざまな人びとに、個人的に聞き取りをお願いすることもしばしばある。さらに、いわゆる「マイノリティ」と呼ばれる人びとだけでなく、教員や公務員、大企業の社員など、安定した人生というものを手にした人びとにも、その生い立ちの物語を語っていただいている。いずれにせよ、私はそうした個人の生活史を聞き取りながら、社会というものを考えてきた。

調査者としての私は、聞き取りをした人びとと個人的な友人になることもかなり多いし、また逆に、個人的な友人にあらためてインタビューをお願いすることも少なくない。しかし、多くの場合は、私と調査対象の方がたとの出会いやつながりは、断片的で一時的なものである。さまざまなつてをたどって、見ず知らずの方に、一時間か二時間のインタビューを依頼する。私と人びととのつながりは、この短い時間だけである。限られた時間のなかで、その人びとの人生の、いくつかの断片的な語りを聞く。インタビューが終わったあとは二度と会わない方も多い。顔も名前もわからない方に、電話でインタビューしたことも何度かある。

こうした断片的な出会いで語られてきた断片的な人生の記録を、それがそのままその人の人生だと、あるいは、それがそのままその人が属する集団の運命だと、一般化し全体化することは、ひとつの暴力である。

私たち社会学者は、仕事として他人の語りを分析しなければならない。それは要するに、そうした暴力と無縁ではいられない、ということである。社会学者がこの問題にどう向き合うかは、それはそれぞれの社会学者の課題としてある。

社会学とはこのような仕事なのだが、その仕事を離れて、聞き取り調査で得られた断片的な出会いの断片的な語りそのもの、全体化も一般化もできないような人生の破片に、強く惹かれるときがある。

そしてもちろん、調査という仕事でなくても、日常的な暮らしのなかで、そのような欠片《かけら》たちと、よく出会うことがある。分析も一般化もできないような、これらの「小さなものたち」に、こちらの側から過剰な意味を勝手に与えることはできないけれど、それでもそれらには独特の輝きがあり、そこから新たな想像がはじまり、また別の物語が紡《つむ》がれていく。

ある聞き取り調査で、古い団地に行ったことがある。その団地に住む、七十歳代の男性に話を聞いた。もともとはミュージシャンで、戦後の関西のキャバレーをドサ回りしていた。数々の昭和の有名人が流行歌を歌うその後ろで、明け方まで伴奏をしていたという。

私も二十年ほど前に、大阪のクラブやライブハウスでジャズを演奏していたので、かろうじて共通の店や知り合いがいて、インタビューは盛り上がった。

男性は、ミュージシャンの仕事に区切りを付けたあと、夜の世界でできたつながりを辿《たど》って、さまざまな商売に乗り出す。そして、ある日とつぜん失踪する。

数年後に妻のもとに帰ってきた彼は、とつぜん金持ちになっていたという。「東京で不動産屋をしていた」というが、さだかではない。そのあと新興宗教の教祖になり、さらにまたいろいろあって、けっきょくは全財産を失い、現在は妻とふたりで、関西の片隅の小さな古い団地で、静かに暮らしている。


インタビューの終わりのほうで、男性がとつぜん立ち上がり、奥のふすまを勢いよく開けた。そこには二十着ほどの、見事なミンクの毛皮のロングコートがずらりと並んでいた。そして、同行していた私の連れあいに、こう言った。

「ねえちゃん、一着やるから、好きなもん持ってってって」

もちろん丁重にお断りした。

それにしても、これが人生だな、と思う。もちろん、それは差別や貧困とたたかうなかで、必死に選び取られた人生で、他人が生半可にいいとか悪いとか言うことは許されないことだが、それにしても彼の生活史の語りは、いつまでも印象に残っている。結局どの論文にも報告書にも使えなかったけれども。

丸山里美の『女性ホームレスとして生きる——貧困と排除の社会学』（世界思想社、二〇一三）は、おそらく日本で唯一、女性ホームレスについて書かれた社会学の本である。丸山は、女性ホームレスを支援する施設だけでなく、実際に彼女たちが暮らす公園に何度も通い、ときには寝食を共にして、たくさんの生活史を聞き取っている。

主婦として安定した暮らしをしていた女性が、とつぜん路上に押し出される。起業して社長を経験した方さえいる。あるいは、極貧の家庭に生まれ、まともな教育を受ける機会を奪われ、ずっと底辺の暮らしをしてきた女性もいる。身体障害や精神障害、知的障害を抱えている方もいる。

ある女性は、貧しい暮らしのなかでひとりの男性と結婚して、夫の連れ子を養っていたのだが、夫が刑務所に入ったことをきっかけに、「他人の子どもを育てることに疑問を感じて」ある日とつぜん家を出ていってしまう。そしていくつかの職業を転々としたあと、いまでは公園で暮らしている。

私たちの人生の、つながりのもろさ、というものを感じる。いいとか悪いとかということではない。これが私たちの暮らしなのである。


貧乏な非常勤講師としてかつかつの生活をしていたとき、私は非常勤先で、ある女子学生と出会った。とても人なつこいやつで、連れあいと二人暮らしの私の家にも、なんどか遊びに来た。

彼女には両親がいない。亡くなったのではなく、彼女がまだ小さい子どものころに、お互いが別の相手と一緒になって、その相手とのあいだにそれぞれの子どもができて、そこでそれぞれ新しい所帯を持ってしまったのだ。

残された彼女をふくむ五人きょうだいは、そのまま子どもたちだけで暮らすことになった。いちばん上の姉がそのとき高校生で、これが母親代わりとなり、全員で交替でバイトや家事をして、まだ小さい弟や妹の面倒をみていた。食事は自分たちで用意したり、どこかで買ってきたり、出ていった母親が近所に住んでいて、おかずを持ってきたり、そんな感じで毎日を必死に暮らしていた。

出ていった父親は「昔気質《むかしかたぎ》」で、困ったひとを見たらほっておけない性格だった。「うちな、一時期、知らんおばあちゃんおってん」。身寄りのない年寄りを父親が勝手にひとり、自分が出ていった後の、子どもたちだけで暮らしている家に、勝手に住まわせたのだ。朝起きたら知らないおばあさんが横で寝ていて、小さな妹や弟たちはおどろいて泣き叫んだらしいが、それもすぐに日常の風景になり、「けっきょくそのおばあちゃんの葬式、うちで出してん」。また、誰の子かわからない赤ちゃんを、一時期子どもたちだけで育てていたこともあった。

ほかにもいろいろなエピソードを聞いた。「おまえの話おもろいな。これいつか、本に書いてええか?」「ぜんぜんええよ、書いて書いてー」。

彼女にももう何年も会ってない。たまに思い出して、元気かなあと思うが、おそらく元気だろうと思うので、こちらからは連絡していないが、携帯のメモリーには残っていて、これだけは絶対に消さないでおこうと思っている。

最後に会ったのはいつだっただろうか。八、九年前の大晦日《おおみそか》の真夜中に、とつぜん電話がかかってきて、いまから先生ん家に行ってええか、という。ええよ、というと、すぐに彼女は、両手にいっぱいの花束を持って玄関にあらわれた。驚いていると、そのままずかずかと家の中に入ってきて、泥だらけの両手で、そのへんにあった花瓶に入るだけの花を生けて、ダイニングテーブルを花で埋め尽くしたあと、「すんません、おじゃましました。ほなよいお年を」と言って、あっさりと帰っていった。大晦日に屋台で花を売るバイトをしていて、余った花を持ってきてくれたのだった。

仕事でよく那覇に出張する。先日、二週間ほど那覇に滞在しているときに、夜おそく、県庁あたりから浦添《うらそえ》の手前まで、国道五八号線沿いにウォーキングをしていた。帰り道、泊埠頭《とまり》の大きなリゾートホテルの前を通りかかった。

真っ暗な巨大なホテルの壁に、規則正しく窓が並んでいる。その窓のあるところがちょうどエレベーターホールになっている。各階のエレベーターの扉が、縦に並んだそれぞれの窓越しに小さく見えている。歩いている私とその窓たちとは数百メートルの距離がある。

なんとなくじっとその窓を見ながら歩いていると、七、八階ぐらいだろうか、ひとつの窓のところにエレベーターが止まり、扉があいて、乗り込んでいく誰かの頭がちらりと見えた。エレベーターの扉はすぐに閉まり、もうそのころには私もそのホテルの前を通り過ぎていた。

ほんの数秒のできごとで、ただちらりと一瞬そういう光景を見た、というだけのことなのだが、私はこのとき、この誰かわからない他人と、そのホテルのエレベーターに「一緒に乗り合わせた」のだと思う。顔も名前も、性別も年齢も、沖縄に来た理由もエレベーターに乗った目的も、まったく何もわからない、知らない誰かが、たまたまあるホテルのある階のあるエレベーターに乗り込むその一瞬を、私は、夜の街を歩いているときにたまたま目にした。そのことは、私しか知らない。


さきにも書いたが、小学校に入る前ぐらいのときに奇妙な癖があって、道ばたに落ちている小石を適当に拾い上げ、そのたまたま拾われた石をいつまでもじっと眺めていた。私を惹きつけたのは、無数にある小石のひとつでしかないものが、「この小石」になる不思議な瞬間である。

私は一度も、それらに感情移入をしたことがなかった。名前をつけて擬人化したり、自分の孤独を投影したり、小石と自分との密かな会話を想像したりしたことも、一度もなかった。そのへんの道ばたに転がっている無数の小石のなかから無作為にひとつを選びとり、手のひらに乗せて顔を近づけ、ぐっと意識を集中して見つめていると、しだいにそのとりたてて特徴のない小石の形、色、つや、表面の模様や傷がくっきりと浮かび上がってきて、他のどの小石とも違った、世界にたったひとつの「この小石」になる瞬間が訪れる。そしてそのとき、この小石がまさに世界のどの小石とも違うということが明らかになってくる。そのことに陶酔していたのである。

そしてさらに、世界中のすべての小石が、それぞれの形や色、つや、模様、傷を持った「この小石」である、ということの、その想像をはるかに超えた「厖大さ」を、必死に想像しようとしていた。いかなる感情移入も擬人化もないところにある、「すべてのもの」が「このこれ」であることの、その単純なとんでもなさ。そのなかで個別であることの、意味のなさ。

これは「何の意味もないように見えるものも、手にとってみるとかけがえのない固有の存在であることが明らかになる」というような、ありきたりな「発見のストーリー」なのではない。

私の手のひらに乗っていたあの小石は、それぞれかけがえのない、世界にひとつしかないものだった。そしてその世界にひとつしかないものが、世界中の路上に無数に転がっているのである。

誰にも隠されていないが、誰の目にも触れない

もう何年も前だが、ある元風俗嬢に聞き取りをしたときに、彼女の友人と三人で待ち合わせをして、カラオケボックスあたりでインタビューしようと思っていたら、「先生、ラブホで（取材を）やらへん？」ということになって、三人でミナミのラブホテルに入ったことがある。彼女は結婚して風俗業を引退し、そのときは妊娠していて、もう臨月に近く、遠くから見てもお腹が目立っていた。

ラブホの無人の受付を通って三人で部屋に入ろうとしたら、とつぜんスタッフが飛んできて、いろいろ聞いてくる。ひとりは臨月だし、防犯カメラで見てもよっぽど目立ったのだろう。

彼女の夫は彼女が前にいた風俗店のオーナーで、現役のヤクザだった。インタビュー中

に、場所が場所だけに、どうか今ここで産気付きませんようにと、そればかり祈っていた。こんなところに一緒にいたことがバレたら殺される。

こういうちょっとした、無意味なエピソードは、他にもいくらでもある。論文にも報告書にも本にも入らないのだが、それでも妙に記憶に残るものだ。インタビューの内容のほうも、表にできない話も含めてたいへんに面白く、つくづく普通に生きてるだけでも人というものはいろんなことを体験するもんだな、と思った。

どんな人でもいろいろな「語り」をその内側に持っていて、その平凡さや普通さ、その「何事もなさ」に触れるだけで、胸をかきむしられるような気持ちになる。梅田の繁華街ですれちがう厖大な数の人びとが、それぞれに「何事もない、普通の」物語を生きている。そうした、普段は他の人びととの目からは隠された人生の物語が、聞き取りの現場のなかで姿を現す。そして、その聞き取りの現場ですらも、思いもかけない物語がつねに新しく生まれているのである。

だが、実はこれらの物語は、別に隠されてはいないのではないか、とも思う。それはいつも私たちの目の前にあって、いつでもそれに触れることができる。私たちが目にしながら、気づいていないことはたくさんある。

架空の話を書く。

ある若い夫婦がいて、静かに毎日暮らしている。ある日、夫が、ゆっくり旅行でも行こうよと妻を誘う。スケジュールを合わせて仕事を休み、新婚旅行以来の二人っきりの旅行に出かける。二人が選んだのは、近郊の寂れた温泉地だ。三つほどの宿を巡り、一週間ほどの旅行に出かけよう、ということになる。最初はお金の無駄遣いだと感じていた妻も、インターネットで宿屋や温泉について調べるうちに、徐々に楽しみになってくる。

出かける前に、心配性の妻が空き巣の対策を真剣に考えだす。いろいろな防犯グッズを検索したが、ただライトが点くだけ、あるいは窓に余分なカギを付けるだけなど、どれもいまひとつだ。

妻は夫に内緒で、二人の自然な生活を録音する。朝や夕方、二人でいるときの、足音、炊事や洗濯、掃除の音、電話の呼び出し音、宅配便、近所の小学校から流れてくる運動会の練習の声、窓の下で騒ぎながら帰る中学生たち、市のゴミ収集車の音。そして二人の他愛もない会話、会話、会話。実家の母が送ってきた荷物が、隣の旦那さんがこの前、あそこに新しくできたカフェに犬がいて、最近テーブルに花を飾ってないね、そろそろこの電子レンジも買い替えかな。

旅行に出かけるときに、妻はこの音声データをパソコンに移し、プレイヤーをエンドレス再生にして、スピーカーから流しっぱなしにする。部屋の灯りも点けたままにして、一週間のあいだ、部屋に人が住んでいるかのように装っておく。

二人は事故にあい、旅行先で死ぬ。車が転落していく一瞬のあいだ、二人は、かけがえのないあの暮らしにもう戻れないこと、この一瞬に自分たちが永遠に閉じこめられてしまって、あの静かな部屋で普通に暮らすことが二度とできないことを知る。

車は深い谷底に沈み、しばらくは事故があったことさえ気づかれず、そして車両が発見されてからも、なかなか身元が判明しない。

そのあとしばらくの間、警察や不動産管理会社が立ち入るまでは、無人の部屋は灯りが点いたままで、二人の声だけが流れている。二人の他愛もない会話、会話、会話。実家の母が送ってきた荷物が、隣の旦那さんがこの前、あそこに新しくできたカフェに犬がいて、最近テーブルに花を飾ってないね、そろそろこの電子レンジも買い替えかな。

誰もいない部屋のなかで、穏やかで静かな暮らしの音が、エンドレスに再生されている。

そしてある日、人びとがその部屋に入り、二人の声を聞き、すでにこの世にはいないものが、思いもよらないかたちで残されていたことを知る。

あるものが永遠に失われてしまうのだが、それは別のかたちで私たちのもとに残される。ロマンチックな物語、あるいはノスタルジックな物語の、おそらくはひとつのパターンがこれだ。二人の声は形見《かたみ》である。それは二人が生きて普通に暮らしているときには、他者にとっては何の価値もない、何も特別なものはどこにもない、まったく平凡なものだが、語り手が失われてはじめて、その日常的で他愛もない会話が、かけがえのないもの、もっとも大切な形見に変容する。

誰かが身につけていた何の特徴もない指輪が、その誰かが亡くなったあとでもっとも大切な意味を持つものに姿をかえるように、この二人の何気ない日常的な語りが私たちにとって特別な意味を持つのは、いうまでもなくこの二人がいなくなっていて、そしてそのことを私たちが「知っている」からである。

まったく意味のない凡庸な存在が、ある悲劇や喪失をきっかけとして重要な意味を持つ。これが、このドラマの構造である。

しかし私はさらに、この凡庸なものが、凡庸のままであったとしたら、ということを考える。

二人が無事に温泉旅行から帰ってきたとしたら、どうだろう。久しぶりのゆっくりとした旅行から何事もなく小さなアパートに帰ってきて、鍵をあけ、部屋のなかに入る。そして二人はたぶん、スピーカーから流れる二人の会話の音を聞いて笑いあうだろう。そしてその音声データが、無事に防犯の役割を果たしたことに感謝するだろう。そして妻は停止ボタンをクリックし、そのあとそのデータは二度と再生されることはない。

このとき、その音声データのかけがえのなさは、当の二人にとってさえ存在しないものになる。それはあいかわらず続く二人の凡庸な暮らしの一部として、すぐに忘れられてしまう。

だが、私たちはすでにもうひとつの現実を知っている。二人の車が渓谷沿いの山道から転落していったあの現実を。そのとき無人の部屋に流れる二人の会話は、誰にも聞かれないまま、私たちにとって痛切なものとなる。したがって、もっと痛切なのは、何事もなかったこの現実のほうである。そこでは、二人の何気ない会話のかけがえのなさは、この二人にとってさえ知り得ないものとなる。そしてさらに、そのかけがえのなさを、「私たち」も知り得ないのである。この物語のなかでは、あの無人の部屋で流れていた会話は、この二人にとっても、そして「私たち」にとっても、いわば二重に無意味なものとなる。

しかし、よりロマンチックな現実は、そもそも第一の物語さえ存在しなかったときに現れるだろう。私が先に書いた物語によって、私たちは、二人に「何事か」が起こった現実もありえたことを知り、無人の部屋にすでに失われてしまった平穏な暮らしの谺《こだま》だけが鳴り響いている光景を思い浮かべてしまった。そのあとで私たちは、二人が何事もなく帰宅する世界について考えた。ここでは二人のかけがえのない生活は、すぐに時間の流れのなかで消え去ってしまい、ロマンチックな物語のなかでは二度と見出されることはない。

だがさらに、ここでもっともロマンチックな、あるいはもっともノスタルジックな現実とは何か。それは間違いなく、そもそも私たちがこの二人のことを何も知らないこと、この二人が旅行に行ったかどうかも知らないこと、この二人がどうなったのか、死んだのか、無事に帰ったのかも知らないこと、この二人がその会話の声を録音したり再生したりということもまったく何も知らない、ということである。

先にあげた二つの物語では、何事もなく帰宅する方の世界のかけがえのなさは、私たちが、二人が死ぬ世界について先に知っている、ということを前提としている。だが、かけがえのないものは、それが知られないこと、失われることによって現れる。だとすれば、もっともかけがえのないものとは、「私たち」にとってすら、そもそもはじめから与えられていないものであり、失われることも断ち切られることもなく、知られることも、思い浮かべられることも、いかなる感情を呼び起こされることもないような何かである。

二人の会話のかけがえのなさは、二人が死んだ世界では、私たちも二人も知っている。二人が普通に帰ってきた世界では、そのかけがえのなさを、私たちは知っているが二人は知らない。そして、この二人の存在が与えられていない世界では、そのかけがえのなさは、私たちも知らないし、（言うまでもなく）二人も知らない（というより、そもそも存在しない）。

この二人の話は、私がでっちあげた作り話である。ぜんぶ嘘なのだ。こんな二人はどこにもいないし、たかが泥棒よけのためにこんなに不自然なほど手のこんだことを考えるものはほとんどいないだろう。もともと私たちには何も与えられていないし、私たちは何も失ってはいない。

そして、このようなことは、世界中に存在しているのである。あらかじめ与えられず、したがって失われもしないために、私たちの目の前に絶対に現れないようなものが、世界中に存在しているのだ。何も起きていない現実が世界中で起きているのである。私たちが毎日かわしている何気ない会話は、エリック・ドルフィーが音楽について述べたのと同じように、空気のなかに消えていって二度と戻ってはこない。しかしさらに感情に訴えかける事実は、それが戻ってきたからといって、やはりその言葉に特別なものは何もないということである。ロマンチックなもの、ノスタルジックなものを徹底的に追い求めていくと、もっともロマンチックでないもの、もっともノスタルジックでないものに行き当たる。徹底的に無価値なものが、ある悲劇によって徹底的に価値あるものに変容することがロマンなら、もっともロマンチックなのは、そうした悲劇さえ起こらないことである。

ヘンリー・ダーガーの作品があれだけ私たちの感情を揺さぶり、世界中を驚嘆させたのは、両性具有や児童虐待というそのモチーフだけでなく、それが死の直前に発見されるまで誰の目にも触れなかったという事実である。それはあやうく永遠に世界から失われるところだったのだ。信じられない偶然がいくつも重なって、それはこの世界に残された。そして私たちのもとに届いたのである。いまではアートに興味をもつ人びとで、ダーガーの名を知らないものはいないだろう。

誰もいないところで倒れた木は、どんな音を立てるのか？　その答えが、一万五千ページにわたって残された『非現実の王国で』の物語であり、大量に残されたヴィヴィアン・ガールズという名の奇妙な幼女たちの絵である。

ダーガーの人格や人生を完全に除外したかたちでダーガーの作品を批評することは非常に困難である。おそらくはその必要もないだろう。それがきわめて「特異な」人物によって描かれたこと、そしてそれがあやうく失われかけたということ自体が、その作品の価値の一部を構成しているのである。もしいまダーガーがネットで作品を発表していたら、いまほどの価値はなかっただろう。それはそれが孤独であったということによって、値段がつりあがっているのである。ダーガーの孤独という物語の要素によって、私たちは「二次的評価」、つまりアール・ブリュットというフィルターを通して熱狂的に評価しているのだが、もし現代の武蔵野美大あたりを卒業した若者によって同じ作品がネットで発表されても、「一次的評価」、つまり通常の美術品と並んだかたちではそれは評価されないだろう。いや、ヴィヴィアン・ガールズには確かにそれ自体が持つ力というものがあるが、それでも少なくともいまほどは神格化されないだろう。

この世界には、おそらく無数のダーガーがいて、そして、ダーガーと違って見出されることなく失われてしまった、同じように感情を揺さぶる作品が無数にあっただろう。もうひとりのダーガーが、いま私が住んでいるこの街にいるかもしれない。あなたの隣にいるかもしれない。いや、それはすでに失われてしまったのかもしれない。ダーガーの存在に関してもっとも胸を打たれるのは、ダーガーそのひとだけではなく、むしろ、別のダーガーが常にいたかもしれないという事実である。

だがやはり、ここでもまた、もっとも胸を打つのは、ダーガーの世界」では、ダーガー本人は自分の営みが報われたことを知らないが、私たちは知っている。「見出されなかったダーガーがそもそも「いなかったかもしれない」ということである。「見出されたダーガーの世界」では、見出されたダーガーは存在しないが、そうした報われない存在が「いた」ということは、私たちは想像することはできる。だが、「ダーガーがいなかった世界」では、ダーガーがいたかどうか、彼のやってきたことが報われたかどうかを、「私たちですら知らない」。知られない、ということが、ロマンチックな語りやノスタルジックな語りの本質であるとするなら、もっともロマンチックでノスタルジックなのは、ヴィヴィアン・ガールズを制作した本人が見出されなかっただけではなく、彼が見出されなかったことを私たちすら知らない、という物語である（見出されたことを知らない、のではなく、見出されなかったことを知らない、ということ）。

このようにして、私たちの隣のアパートに住んでいるあの老人は、おそらくただの老人であり、部屋のなかにはおよそ人の目をひくような芸術品が存在することは決してないだろう、ということになる。

そして、それはとても「物語的」である。

まず、「失われてしまったあとに見出されたもの」についての物語が存在した。次に、「失われてしまったあとに見出されなかったもの」があるとすればどういうものか、について考えた。そして、「そもそも最初から存在もせず、それゆえ失われさえしないもの」について想像した。

最後に、「そこに最初から存在し、そして失われることもなく、だが誰の目にも触れないもの」の可能性について考えてみよう。失われて見出されたもの、失われて見出されなかったもの、あるいは最初から存在もせず見出されもしないものは、通常の意味で「物語」のカテゴリーに入ると思うのだが、それでは私たちは、誰の目にも触れる場所にあるにもかかわらず、誰の目にもとまらないようなものについて語ることができるだろうか。

私は重度のネット依存症で、一日に何時間もパソコンの前で過ごしているのだが、そのうちのかなりの部分を、普通の人びとの携帯ブログや日記を見ることに費やしている。ここには、まさに「誰にも隠されていないが、誰の目にも触れないもの」がある。

ずっと読んでいるある携帯ブログのひとつに、九州某県の三十代後半の女性のものがある。彼女は数年前に、恋人からのＤＶの経験を詳しく書いていた。そのことで私の目にとまったのである。

ある日、ドライブ中に男がとつぜんキレて、彼女は急に山奥の真っ暗な路上に放置され、裸足のままで三時間かけて自宅に帰り着く。家に入るとその男がいつもどおりテレビを見ていて、何事もなかったかのように、食事を要求する。

七年間にわたる、暴力的な男とそれに依存する女の、壮絶だがありきたりな日記がとぎれとぎれに続いたあと、彼女はその男と別れる。そして、別れたあとも、その日記は、たまに更新されている。

あるいはまた、別のブログ。北関東の四十代の女性が書いているのだが、その家はいわゆる「ゴミ屋敷」である。しかしそのことを気にもしていないようだ。彼女はシングルマザーで、娘が二人いるのだが、二十代の長女自身もまたシングルマザーで、その下に二歳ぐらいの小さな男の子がいる。次女はひきこもり状態のようだ。経済的にかなり苦しく、ストレスがたまると有り金をすべてパチンコに費やしてしまう。そして後悔しながら帰宅し、二人の娘に八つ当たりして大喧嘩をしている。孫の男の子のことは溺愛していて、よく写メに撮っている。ゴミ屋敷のなかの小さなテーブルにカレーライスがあり、全裸の男の子が写っている写真が、妙に記憶に残っている。

芸能人や有名人よりも、こうした普通の人びとが書く普通の生活の記録が好きだ。ただ、それらはいわば「生《なま》の語り」で書かれていて、読みやすい文章ではない。絵文字や顔文字が多用され、無意味な改行も多く、サイトのデザインも悪趣味だ。

いまあげた二つの実例は、それでもまだ「物語」として読むことができる。しかし、特にパソコンではなく携帯で書かれているブログや日記には、本当に断片的な語りしかないものがほとんどで、大量に読むのが苦痛ですらある。

ある携帯ブログサイトは、そのほとんどが風俗嬢によって書かれているのだが、その中身の大半はホストクラブにハマっている話である。なかには興味深いものもあるが（私はホスト業界の独特の言葉遣いをこれらのサイトで勉強した）、他人に読まれることを前提としていない文章で、中身も断片的すぎて意味がまったくわからないものも少なくない。それでも、そうした文章の欠片から、ホストにハマる風俗嬢、というものがたくさんいて、せっかく稼いだカネをすべてそこに注ぎ込んでしまう、ということが、この世の中には珍しくないのだ、ということを学ぶことはできる。そういう人生を、垣間みることはできる。

さらにもっと断片的な人生の断片的な語りは、それこそそこらじゅうに転がっていて、私たちはいつでもそれを見ることができる。「離婚してめっちゃ太ったから激安店しかいけないよぉ」。一ヵ月に一度ぐらいしか更新されない日記に、たったこれだけの文章しか書いていない。あるいは、アカウントを取得して「マックのテキサスバーガーまじヤバい」とだけ書いたあと三年近く放置されているものもある。これらはいつでもそこにあり、誰でもアクセスすることができるが、私たちはこの断片的な人生の断片的な語りから、何も意味のあることを読み取ることはできない。

だが、世界中で何事でもないような何事かが常に起きていて、そしてそれはすべて私たちの目の前にあり、いつでも触れることができる、ということそのものが、私の心をつかんで離さない。断片的な語りの一つひとつを読むことは苦痛ですらあるが、その「厖大さ」にいつも圧倒される。

私はこれらの厖大な語りを、民衆の文学だとか、真の大衆文化だと言って称揚したいのではない。そういう金持ちの遊びは「屋根裏《アチック》」でやっていればよい。ただ、人びとの断片的な人生の、顔文字や絵文字を多用した、断片的な語りがあるだけである。文化的価値観を転倒させてそこに芸術的価値を見出すことはできない。

そして、だからこそ、この「誰にも隠されていないが、誰の目にも触れない」語りは、美しいのだと思う。徹底的に世俗的で、徹底的に孤独で、徹底的に厖大なこのすばらしい語りたちの美しさは、一つひとつの語りが無意味であることによって可能になっているのである。

土偶と植木鉢

道ばたの街路樹の根元にアロエが生えていると、ああここにも「アーバンファーム」がある、と思う。

アーバンファームは私が適当につくった概念で、ただ単に、街路樹の根元から盛大に生えているアロエ、街中の路地裏の小さな公園に植えられたゴーヤ、小さな文化住宅や長屋の玄関先で、植木鉢を割るほど巨大化した金木犀など、都会の片隅でひっそりと繁茂する植木たちのことである。

だいたいは、近所のおばちゃんやおばあちゃんが勝手に植えて育てている。とくに公園や線路脇、街路樹の植え込みなどの公共の場所で、芝桜や雪柳がきれいに咲いているのをみると、人というものは何かしら小さくてかわいらしいものを育てずにはいられないのだな、と思う。大阪だけではないと思うのだが、だがそれでも大阪には特に多いような気がする。ちょっとでも地面があったら、なにかを植えずにはいられない。小さな窓に小さな網を張って、ゴーヤがせまくるしそうに横方向にのびているのをみると、すこしかわいそうではある。

だが、玄関先の小さな植木というのは、しばしば盗まれることがあるらしい。散歩しているとときおり、花を盗まないでください、という、たどたどしい文字で書かれた手書きの紙が貼ってあることがある。そんなもの誰が盗むんだろう、やっぱり植木が好きなひとなんだろうか、と思う。

いぜん、隣のアパートに一人暮らしのおばあちゃんがいて、出がけにつかまると話が長いので、なるべく顔を合わせないようにしていたが、それでも仲良く近所付き合いさせてもらっていた。あるとき、そのおばあちゃんが、もう何の花だったか忘れたが、ひとつの小さな植木鉢を持ってきてくれた。ありがたくいただいたら、次の日も持ってきた。その次の日も持ってきた。四回目に断ったら、その次の日に、私の家の前に勝手に置いてあった。ちょっと怒ったら、悲しそうにしていたが、けっきょくその植木はしばらくそこにあった。私の家の玄関先には何も置いてなかったのだが、玄関先に何も置いてない、という状態が、どうしても我慢できなかったようだ。空いてるスペースがあれば、かわいらしいもので埋め尽くしたくなるのだろうか。

そのおばあちゃんは、先日、息子と同居するために引っ越していった。年寄りの一人暮らしを息子が心配してなあ、でもひとりの方が気軽でええねんけどなあ、と文句を言っていた。後から聞いた話だが、なぜここで一人暮らしをしていたかというと、子どものときにここで生まれ育ったからだったらしい。引っ越しのときは息子さん夫婦も挨拶に来られた。私も重い物を運ぶのを手伝った。

おばあちゃんが勝手に置いていった植木のいくつかは、まだ枯れずになんとか育っている。

もうあのおばあちゃんにも会うことはないんやろな、と思っていたら、その二週間後ぐらいに近所で会った。どうも、生まれ育った土地なので、友だちや知り合いも多いらしい。引っ越し先も大阪市内で近いので、それからもしょっちゅう会っている。だから別に、そんなにノスタルジックな話ではない。

私の大切な友人に、朝鮮学校の美術の先生がいる。彼女は自分でも作品を作っている。それは、巨大な乳房が付いた、小さな土偶である。私の家のダイニングテーブルには、彼女が作った素焼きの小さな土偶と、樹脂でできたもっと小さな土偶が、いつもいる。いつもそこに花を飾ったり、食事をしているうちに、まるで家族のように思えてきた。温かい手のひらで作られたその土偶は、ほんとうに生きて動いているようで、なにも考えずに、ただそこでにこにこ笑っている。

だが、私は別にこの土偶を擬人化しているのではない。それはただの、土や樹脂のかたまりである。言葉も意識もない。しかし、言葉も意識もない土のかたまりが、このテーブルの上で生きているのだ。かわいらしい、ということは、生きている、ということである。意識も生命も持たない素焼きの土が、テーブルの上で笑っている。笑っているように見える、のではなく、それは本当に笑っている。私たちが食事をとるのを見ながら笑っている。

私が土偶先生で好きなところは、作品を工夫しない、ということである。新たな局面とか、これまでになかったデザインとか、そういうことはまったく求めず、ただただ、他人には同じ形にしか見えない土偶を、毎日まいにち、きのうもきょうも焼いている。同じような土偶が、ただただ増殖している。そしてそれらは、買われたりもらわれたり、いろんな家に散っていく。そしてそこで静かに笑っているのだろう。

土偶先生はすばらしい作家でもあるのだが、きわめて有能な美術教師でもあって、いつもFacebookに生徒の作品を載せている。私たちはみんな、それを楽しみにしている。ありきたりな絵や彫刻ではなく、想像を絶するなにかとてつもない、馬鹿馬鹿しい、カッコいい、かわいらしいものばかりである。こんなに自由な作品を作り出せる生徒たちもすばらしいと思うが、そういう作品を作らせることができる先生も、とてもすばらしいと思う。子どもたちのことを、ほんとうに愛しているのだと思う。

ところで、男性の多くは、小さなものをかわいがって、育てるのが下手だ。下手だし、苦手だ。これは何も本能とか生まれつきとか、そういう話ではないと思う。育ってきた環境と、社会全体の価値観が、個人をそんなふうにつくりかえてしまうのだろう。とにかく、私たち男性は、なにかを無条件で愛してあげることが、ほんとうにできない。私は動物が好きなので、犬や猫をかわいがることはできるが、たとえば仕事の帰りに花屋で花を買ってくる、ということが下手だ。たまに、せまい庭先で連れあいが育てている花を切って小さなガラスの花瓶に入れると、ほんとうにそのかわいらしさに驚く。だがなかなか、自分ではできない。

これは何も男性に限ったことではないと思う。しかし、ただ、たとえば、ある年度の私のゼミ生が、孤独死をテーマに、いくつかの古い団地の自治会をまわって聞き取り調査をしたことがあった。そこで非常に印象的だったのは、これもよく言われることだが、とにかく団地のなかで孤独死をなくすために、人と人とのつながりをつくろうと、「地域カフェ」などのいろいろな取り組みをするのだが、男性がまったく来ない、という話であった。

高齢の一人暮らしの女性は、さっさと友だちを近所で見つけて、地域カフェにも足しげく通って、わいわいと楽しくおしゃべりしているのだが、男性は一切そういうところには来ない。むりを言って来てもらっても、所在なさそうに部屋の隅に座り込んで、ぶすっと下を向いて一言もしゃべらない。実際に、いくつかのデータでは、孤独死するのは男性のほうがはるかに多い。そして、孤独死してから発見されるまでの期間も、男性のほうがかなり長い。私たちは生きても孤独、死んでも孤独なのである。

学生の聞き取りで面白かったのが、女性たちがつながりをつくっていくのに、玄関先の植木が一役買っている、ということだった。小さなスミレや朝顔の鉢植えを誰かにあげて、お返しにポトスの鉢植えをもらう。玄関先で植木に水をやっていたら、きれいですねと声がかかる。難しい花の育て方について、ひとしきりそこで話が盛り上がる。ここの紫陽花《あじさい》きれいやね、ウチのはもうあかんねん、葉っぱばっかりで花咲きゃしませんね。

奥さん（おばあちゃんたちはみんな、お互いをこう呼ぶ）、花が終わったら、枝切ったほうがよろしで。ほんまでっか。肥料は何がよろしやろ。うちはもうずっと菜種粕《なたねかす》。鶏糞《けいふん》やと臭いですやろ。ウチ猫がおりますねん。せやから鶏糞なんか別に臭いことあらしません。猫可《か》愛《い》らしな。ウチも猫飼いたい思てますねんけど孫がアレルギーで。奥さんアレルギーはお灸《きゅう》がええらしで。話はすぐに脱線し、いつまでも終わらない。

多くの男性は、こういうことができない。私たちはみな、仕事以外で他人とつながることができないし、仕事に無関係な会話をすることができない。私も友人や知り合いは多いほうの人間だと思うが、それでも通りすがりの他人と、穏やかに笑顔で天気の話などをする、ということは、とても苦手だ。

ほんとうはみんな、男も女もかぎらず、大阪のおばちゃんたちのように、電車のなかでも、路上でも、店先でも、学校でも、気軽に話しかけて、気軽に植木鉢を分け合えばいいのに、と思う。でも、私たちは、なにか目に見えないものにいつも怯えて、不安がって、恐怖を感じている。差別や暴力の大きな部分は、そういう不安や恐怖から生まれてくるのだと思う。別に、大阪のおばちゃんが差別しない、と言っているわけではない。まったくそうではなく（部落や在日に対する差別は大阪でも強い）、ただ私はどこかで、通りすがりの人と植木鉢について話を交わすことが、あるいは植木鉢そのものを交換することが、なにかとても重要なことのように思えるのだ。

人に話しかける、ということは、それ自体はたいしたことでもないようにみえるが、やってみるまではなかなかできそうにもない。やってみたら実は、それはとても簡単だ。だが、できれば、なにかかわいらしいもの、あるいはおいしいものが間に入ったほうがよい。私が冗談半分に「寄せ鍋理論」と名付けている理論がある。たとえば、ひとりの友人に、いまから私と話をしましょう、そのための時間をください、と言ったら、不安になって警戒されるだろう。でも、いまからおいしい鍋を食べませんか、と言えば、ああいいですね、行きましょう、ということになるだろう。

人と話をしたいなと思ったら、話をしましょうとお願いせずに、何か別のことを誘ったほうがよいのだ。考えてみれば奇妙なことである。けっきょく何が目的で鍋を囲むかというと、お互い話をするためである。だったら話だけすればよいではないか。

しかし、人は、お互いの存在をむき出しにすることが、ほんとうに苦手だ。私たちは、相手の目を見たくないし、自分の目も見られたくない。

私たちは、お互いの目を見ずにすますために、私たちの間に小さな鍋を置いて、そこを見るのである。鍋が間にあるから、私たちは鍋だけを見ていればよく、お互いの目を見ずにすんでいる。鍋がなかったら、お互いに目を見るしかなくなってしまうだろう。私たちはお互いの目を見てしまうと、もう喋ることができなくなって、沈黙するしかない。そして怯えや緊張は、沈黙から生まれるのだ。

おばちゃんたちにとって、植木鉢は鍋であり、通貨であり、言葉である。あるいは、素焼きの植木鉢は、素焼きの土偶によく似ている。実際に植木を育ててみればすぐわかることだが、植木は生きている（私は当たり前のことを言っているのではない）。それはそこにあって、笑っている。

ただそれは、植物でもあるので、人にあげるのにそれほど惜しいわけではない。人と人を結びつけるのに、これほど適したものがあるだろうか。それはそこで笑っているから、人にあげる価値がある。それはただの植木だから、人にあげても惜しくはない。

つい先日、その土偶先生が泣いているというので、ごく親しい身内だけで集まって、昼の三時から鶴橋で安い寿司をたらふく食って日本酒を痛飲した。

土偶先生がいる朝鮮学校の、正門の脇に、掲示板がある。その掲示板に、生徒が書いた短歌や俳句のなかで、すばらしく出来がよいものを選んで掲載していたのだが、その短歌や俳句が書かれた紙が、ある日、なくなっていた。

その日のうちに、細かい紙の束が、きれいに重ねられて、朝鮮学校の郵便受けに入れられていた。それは、カッターナイフのような鋭利なもので細かく細かく切り裂かれた、生徒たちが書いた短歌や俳句だった。なかでも、実名で書かれた生徒たちの名前がすべて、きれいに切り取られていて、真ん中から縦に二つに裂かれていたらしい。どの名前もどの名前もすべて、カッターで縦半分にされていた、ということだった。

細かいことだけど、たぶん定規をあててカッターで切り裂いたんだと思います、線がブレずにまっすぐだったから。土偶先生は、そんなときでも美術教師らしいことを言っていた。

今日も土偶先生は土偶を焼いているし、近所のおばちゃんたちは植木鉢を交換しながら立ち話をしている。隣に住んでいたおばあちゃんにもらった植木は、もじゃもじゃになりながらも元気だし、土偶は静かに私のテーブルの上で笑っている。

物語の外から

戦争体験者の方の語りを聞いたことがある。

私の大学の学生たちが主体になって開くイベントが毎年あって、その年のテーマが、戦争体験を語り継ぐ、ということだった。戦争を体験された語り部の方を何人かお招きし、講演会を開催した。その講演会のあとは、壇上でそれぞれの思いを語ってもらうシンポジウムも開かれた。私は学生たちから、そのシンポの司会を依頼され、よろこんで引き受けた。会場にはたくさんの学生や教員たちが集まった。

イベントの当日、すこし早い時間に集まり、学生スタッフたちが語り部の方がたに私を引き合わせた。そのとき、短い時間だったが、語り部のひとりの男性とお話しした。かなりの高齢だったが、とてもお元気な方で、初対面の私に、控え室でお茶を飲みながら、本番の時間になるまで、たくさんのお話をしていただいた。

戦争末期、南洋の小さな島に配属され、米軍と闘ったが、部隊は玉砕し、奇跡的に生き残ったという。

戦場の様子が詳細に、まるで現場にいるかのように熱っぽく語られた。そして、話が、仲良くしていた戦友が米軍機の機銃掃射《きじゅうそうしゃ》によって、目の前で亡くなった場面になると、その男性は涙を流した。かすれそうになる喉《のど》の奥から無理やり力ずくで言葉を押し出して、私にむかってなおも語り続けた。

本番の時間になり、その男性はつめかけた学生たちの前で、さきほど控え室で私に語ったのとまったく同じ語りを語りはじめた。

そして、話が戦友の死にさしかかったとき、男性はやはり、同じように涙を流し、力を振り絞って語り続けた。聴衆も引き込まれて聞いていた。

そのとき、最前列に座っていた会場係の学生のひとりがとつぜん、男性の目の前に、「あと20分」と大きく書かれたカンペを掲げた。

完全に話が途切れた。男性は目をむいて大きく驚き、小さなかすれ声で「もうそんなに時間が」とだけつぶやいた。それまで全身をつかって熱っぽく語っていた彼の語りは、そこで中断され、十秒か二十秒か、かなり長い間、聴衆が静かに見守るなか、一言も出せなくなり、ただ狼狽《ろうばい》して、黙り込んでしまった。

やがて男性は、すぐに語りの「軌道」を立て直すと、何もなかったかのように、それまで通りはっきりと大きな声で、迫力のある語りを続けた。


イベントが終わってから、その学生に、「あのタイミングで出したらあかんで」とだけ伝えた。真面目な学生なので、スケジュール通り進まず、予定を大幅にオーバーしてもなお続く男性の語りに、やきもきしていたのだろう。

それにしても、その語り部の男性はもう何年も、各地の学校や地域の集会で、同じ話を何度も語っていて、そういう「現場」には慣れているはずだ。だから、時間が足りなくなったり、途中でカンペが差し込まれたりすることにも慣れているはずなのに、なぜあれほど驚き、混乱し、狼狽してしまったのだろう。講演の途中での十秒の沈黙は、とてもとても長いものだった。

控え室で私と二人で語り合っていたとき、彼は、戦友の死の場面で、ほんとうに涙を流した。そして、その直後、本番の会場で、満員の聴衆にむかって、同じ語りの同じ場面で、また同じように涙を流していた。

おそらく彼は、毎日のように日本各地のそういった集会で同じ話をして、同じ場面で同じように涙を流しているのだろう。

そのとき、彼はなにかを「語っている」のだろうか。むしろ、彼は語りにつき動かされ、語りそのものになって、語りが自らを語っているのではないだろうか。

神戸に「人と防災未来センター」という施設がある。阪神大震災の被害や復興についての資料館である。地震直後の街並みを実物大で再現したリアルな展示もある。

そこで、地元市民の語り部の語りを聞くことができる。毎年、ゼミの学生を連れて見学しているのだが、ある年に行ったときの語り部の女性の方は、近所の小さな子どもが亡くなる話をして、聞いている学生たちもみな泣いていた。

それはとても辛い話だったが、私は聞きながら、こういう話を何度も何度もくり返し人に伝えることそのものが、とても辛いことだと思った。

お話が終わってお礼を言うときに、体験したことだけでなく、その体験自体を繰り返し人に語るのは、しんどいことじゃないですか、とたずねた。

その女性はそう聞かれてむしろ戸惑っていたようだった。おそらく、自分自身がしんどいとか辛いとかいうことよりも、その話を世界に伝えることの大切さのほうが、はるかに大きかったのだろう。

ある強烈な体験をして、それを人に伝えようとするとき、私たちは、語りそのものになる。語りが私たちに乗り移り、自分自身を語らせる。私たちはそのとき、語りの乗り物や容れ物になっているのかもしれない。

物語というのは生きていて、切れば血が出る。語りをとつぜん中断されたあの男性の沈黙は、切られた物語の静かな悲鳴だった。

あるいは彼は、その一瞬のあいだで、一九四五年の南洋の小さな島と、二〇一三年の大学のキャンパスとを往復したのだろう。その時間と空間の距離を飛び越える数十秒のあいだ、沈黙が彼を支配していたのだ。

だが、そうした強烈な物語と、私たちがふだん語ることとのあいだに、それほど大きな差があるわけではない。

さらに、自己をつくりあげ、自己の基盤となる物語は、たったひとつではない。そもそも自己というものはさまざまな物語の寄せ集めである。世界には、軽いものや重いもの、単純なものや複雑なものまで、たくさんの物語があり、私たちはそれらを組み合わせて「ひとつの」自己というものをつくりあげている。

さらにいえば、私たちは、物語を集めて自己をつくっているだけではない。私たちは、物語を集めて、世界そのものを理解している。ある行為や場面が、楽しい飲み会なのか、悪質なセクハラなのかを、私たちはそのつど定義している。さまざまな物語や「話法」を寄せ集めて「ひとつの」世界をつくりだし、解釈しているのだ。

そうやって私たちは、日常的に、さまざまな物語を集めて生きているのだが、いつもそれがうまくいくとは限らない。物語は生きている。それは私たちの手をすりぬけ、私たちを裏切り、私たちを乗っ取り、私たちを望まない方向につくりかえる。それは生きているのだ。

ある小さなマンションに暮らす家族のことで、そこの自治会の方から個人的に話を聞いたことがある。

若い夫は現役のヤクザで、家族にひどい暴力をふるっていた。妻は出会い系サイトなどを使って個人的に売春をしていて、二人のまだ小さな息子を隣室に追いやって、自宅で客を取ったりしていた。

息子たちは妻の連れ子で、再婚相手である男性から壮絶な虐待を受けていた。詳細は省くが、子どもたちへの暴力がきっかけで男性は逮捕され、刑務所に行った。そして、妻は子どもたちを置いてどこかへ消えた。残された子どもたちは施設へ預けられた。

一家がバラバラになっていくちょうどそのころ、マンションのその部屋の、すぐ下に住む別の住民から自治会に苦情が寄せられた。

どうもその家族が暮らしていた部屋は、ゴミ屋敷になっていたらしい。大量の害虫が発生し、階下の部屋の天井には真っ黒なシミが浮き出し、強烈な悪臭があたりに漂った。

私はその自治会の方から、ここまでの話を聞いていた。

何ヵ月か経ってから、ひさしぶりにその自治会の方に会ったとき、その家族が暮らしていた部屋の、その後の話を聞いた。

父親が収監され、母親が蒸発し、子どもたちが施設に預けられ、無人となったその部屋だが、その後も悪臭や害虫の苦情が何度もくり返され、マンションの管理会社の立ち会いのもとで、自治会の方が合鍵でその部屋の扉を開いた。

そこで見たのは、家具も何もない、からっぽの、きれいな部屋だったという。

単に、階下の住民が何かを勘違いしただけなのだろう。真相も何もはっきりしない、特にドラマチックなこともない、ただこれだけの話だが、それにしても、自分では見てない、話に聞いただけの「からっぽの部屋」のイメージが、妙にいつまでも印象に残っている。途中まで私は、よくある話といえばよくある話だが、それにしても、と暗澹《あんたん》たる思いでこの話を聞いていた。暴力、貧困、虐待、売春、そしてゴミ屋敷。一連の「家族解体」の物語を、私だけでなく、それを聞いたものはみな、そういう物語として受けとっていた。

ほんとうにたいしたことのない、たったこれだけの話なのだが、それでもその最後の話を聞いたときの、急においてけぼりにされたような感覚は、いつまでも消えない。たったこれだけの物語に、あまり過剰に「無意味」という意味を読み込んではいけないのだろうが、この話の全体が、ピントが合わず、いくらがんばってもはっきりした像を結ばない。

私たちの自己や世界は、物語を語るだけでなく、物語によってつくられる。そうした物語はとつぜん中断され、引き裂かれることがある。また、物語は、ときにそれ自体が破綻し、他の物語と葛藤し、矛盾をひきおこす。

物語は、「絶対に外せない眼鏡」のようなもので、私たちはそうした物語から自由になり、自己や世界とそのままの姿で向き合うことはできない。しかし、それらが中断され、引き裂かれ、矛盾をきたすときに、物語の外側にある「なにか」が、かすかにこちらを覗き込んでいるのかもしれない。

FFEE

路上のカーネギーホール

大阪、西成、新世界。路上のギター弾き。大阪に出てきて六十年。路上で弾いて二十年。

――どれくらいやってんすか?

えとなあ、趣味でなあ。十歳から、趣味でやってましてん。(いま)八十。あさって誕生日で八十になる。

――路上で演歌弾くのは、いつから?

これは、俺、六十でタクシー辞めたんや。辞めて、六十、五十五ごろから始めてたけどな。

月に十三乗務やから、タクシーは。あくる日、まだ元気やん。ここへ来てな、やってたんや。遊びでな。ほしたら、労働者が寄ってきてな、横に五、六人座ってまんねん。ほいで七、八千円売り上げあるときもあった。

そのときに俺、おお、おまえら食べえや、これで飲めやいうて、俺帰りますやろ。「また明後日も頼んます」（笑）。ほしたらこんど警察が、ちょうどそこのポリボックスが下にあったんや。ほんで、その人が、ちょっと先生やめてよこれ言うた。ほしたら労務者が怒ってな、「俺ら飯食われへんやないか」（笑）。

そんなことありました。

ほやから俺、そない言いやったから、ああやめますよ、うん、やめてあべのに変わりましたんや。それからあべのに変わったわけ。ほやから六十からあべので。七十五……十五年ぐらいやってるな。

その時分の客がときどきここへ来て、通るときに、「おっちゃんまだやってたんや！」（笑）。覚えてるかな、言うから、忘れたわいうて（笑）。

――ここ（新世界）**来て五年ぐらい？**

まだ三年ぐらいとちがうかな。あべのが、工事始まってな、こないだ。ほやからできんようになったから。

――ギターはずっとやってたの？　タクシー時代も

おうおう、もう車積んでるやんか。後ろへ。もう積んでるやん。ちょっと休憩するときにも稽古するやん。

案外長距離のお客さんがな、俺をな、乗ってくれまんねや。ほしたら京都送ったら、「ちょっとおっちゃん、二階あがって弾いてや」（笑）。お前、仕事中や！　仕事中やで俺！　帰りの車代出すやんか、言うから。そんなもんザラでっせ。

あべのでやってるときなんか、なんでそんなギター使《つこ》てまんねや、プロが、ちょっと先生、難波《なんば》出といでいうから、行ったんや。

ほたら客がな、ちょっと楽器屋行こや言うから、付いていったんや。おっちゃんどれがええ、好きなやついいや言うから、好きなやついうたかて、なあ。ここへほらマーチンとかギブソンとか、いろいろ、ええのあるけど、このギブソンなんか、マーチンなんかよろしいな言うたら、おう、それせえや。四十二万円、現金！　現金で買うてくれた（笑）。嘘違うて、まだあるやん家に。置いとるやん。

また、ちょっとここへ来てな、おっちゃんに二万円くれてん。二万円、すまんけどな、難波でスナックやってますねんけど、来てくれませんか、いうて、おとつい行ったんやで。

——いろんなひとと出会いがある？

あるある。ほやからやってまんねん、面白いから。いろいろなひとおるよ、変わったひとも。

——イヤなこととかない？

たまにその、けったいな酔っぱらいが来たりね。するけども。

——ギターは一回も習ったことないの？

ない！　ほやけども、待てよ、これは路上で弾いてたらどんな上手いひとが、なあ、来るやらわからんから、これは、ちょっとわからんとこは習うとかなあかんな思《おも》たけど。

大阪に、（ギター教室）五、六軒行ったかな。行ったけども、むこうも言うよ、あんた我流でも、上等でっせそれでいきなはれ、言うやん。そういうふうに。

ああそうですか、そしたらどうも、いうて辞めて、おれ自信がついてきましたんや。ああこら、先生がな、そない言うぐらいやから、おれ日本イチやな思いだしたんや。

そのかわり俺は毎日そのタクシーに乗ってるあいだに、あくる日休みやから、酒飲んだことない、ビールも酒も。飲んだことないから、それでも歌を覚えるために、スナックへ。毎日行くやん！

お茶と違うでえ。ウイスキーの、一万二千円のボトルをおろして。コップに、これだけ（ほんの少しだけ）入れて、ウイスキーを。あとこっからこんだけ、コーラ。コークハイいうねんてあれを。案外うまいねん、ちょっとな、ちょっと味するだけで。

それを飲んでは、歌を、人が歌うやつとか、やつを聞いてな。

ほいで、ここらへんで昔流ししてたやつが、弟子にしてやいうて、来ますやん。そうしたら、流ししてたやつがなあ、そないして来るぐらいやから。いま大阪城でやってるわな、真似して（笑）。あべのでやってたやつが。

弟子がな、ほやからいままでに十六人ほどおるな、九州に帰って九州の駅前のほうでやってるやろ。

ほいで、やってな。ほいで、まあ、遊んでますねん俺は。ほやからぼちぼち歳やから、止めるて言うてるねん。

まあ、ええ人生やな。もう遊びっぱなしで来てますわなだいたい（笑）。ほして俺、嫁はんもろて、それ一緒になって、子どもが、三歳のときに二号ができな、三号ができ、もう困るであんた（笑）。それやこれ（カネ）使いっぷりがええから、特別な（笑）。ほやから。

——これで飯食おうとは思えへんかったん？

誰が。思うかい！　こんなもん遊び、いまでも遊びやないか。あほらし、こんなんで食べれると思うてへん。ほやけどもこないして弟子がな、やっぱり生活かかってるようなひとやったらな、やっぱり。

ほやからな、いままでにも、これ二十年やってると、計算してると、まあおれ死んで供養になるな思うてんねん。

ほんまこれもう、五百万人ぐらいやない、いま知ったひとが。なあ。それで、やっぱし死んでもなあ、ああいうひとがおったなあいうことを言うてもうたら、供養になるやん。

——みんなおっちゃんのこと覚えてるわ。ここ通ったら思い出すわ

ほやから思てな。

——まだや、まだ二十年ぐらいやりや

いやあかん、もう五年やで。もうだいぶえろうなってきたんや。ほやけど百姓で、米俵かつぎよったから、足も丈夫やし。なかなかな、ほでウチは長生きのほうやから。ウチのおっかさんが百五歳か。親父が九十五やったからな。俺も九十五までは、生きるのは生きると思う。ほやけども、寝込んだらな、終わりやからな。

――奥さんいくつ？

いっしょ。まだ元気やで。「おとっちゃん、あんなとこに座ってかっこの悪い」（笑）。来いひんわ絶対。知らん、一ヵ月にいっぺんここ通るねん。知らんふりしてるわ。ほやけど「もう好きにしなはれあんたも、もう歳やしな」（笑）。

ほんとはな、こういう、な、カラオケ喫茶とか、生演奏の店とかいうて、家を借りて、やろか思たこともあったんよ俺。考えたことあったんや。生演奏の店とか。思たけど、それではなあ。客筋が決まってるやん、知れたあるやん。なあ。儲からんというより、人間が広がらへんやん。

こっちのほうが、ひとがいろいろな、知られたいからな俺もな。ちょっとな、上っ調子なんやな（笑）。ちょっとやっぱり若いときからな、人気もんのような、まあ好きやからな。

田舎でねえ。ぼくは田舎の百姓ですねや。だからちょうど戦争負けた当時でね、兄貴に親父が買うたんですわギターを。たぶん兄貴、買うてくれ言うたんやろな。（兄が）最初な、弾きよったけど、それを俺、盗んではちょっと取ってな、稽古しはじめましたんや。

ただ趣味で、縁側で、田舎の縁側でな。うちちょっと、蓄音機とか、ああいうのがありましたんや。ほやからその蓄音機で、かけて、なあ。聴きながら。おぼえたりする歌がありましたんや、昔の古い歌。

——チューニングとか押さえ方とかは

あ、それは、それは自然しぜんにな。長い間に、わかってきますやんか。ほいで、ああそうか、ピアノのミはこれやいうことが、わかってきますやん。ほいたらこのミであわしたらええなということで、なあ。ほいで、だいたい音を聴いておぼえたんですよ。

——十歳のときに弾いてた歌はどんな歌だったの？

その時分にはね、その時分には、案外ね、昔の歌。湯の町エレジーとかあんなんがありましたからなあ。演歌やな。ど演歌やな。

（通りすがりのおっちゃんが近寄ってくる）

おお、タバコか？　一本だけやで。

（二本取っていった）

ほいで、大阪に、十八の歳に出てきましたんや。

――十八で大阪来たの。仕事で？

そりゃ三男坊やもん。要らんもんやもん。出てこなしゃあないやん。

小学校は六年、新制中学。それが三年間ね。それが十六か。十七ぐらいになるわな。ほいでそこを出て、ほいであの、三男坊やからお前は要らんもんや、跡取られへんのやから、親父が、お前はのう、大阪か東京行って働かなしゃあないから。ほいで、東京行くわいうて、東京まで切符買いましたんや。

――さいしょは東京に行ったの？

いやいや、東京まで切符買いましたんや。田舎から。ほしたら何時間もかかりますやんか。汽車ぽっぽや。

そうそう。ほいで、大阪はちょっと言葉がな、難しいからな、発音が。ほやから、東京やったら案外、発音が上品や、標準的やからわかりやすいから思って。東京まで切符買っていこう思って。

ほいて、夜、何時やったかな。夜の一時ぐらいやったかな、大阪へ着きましたんや。着いたときにね、こう見たら、うわー。……田舎もんですわぼくは。うわーこんな電気もついて、広いなあ思て。

飛び降りたれ、思て、降りたのが、途中下車や。降りたんや。ほんでもう、しゃあないやん。これから倍もかかるやん、東京まで。もういいや、降りたれ思て降りたのが、運の尽きですわ。

大阪駅からタクシー乗って。すまんけど運転手さん、どっか、大阪のいちばん面白いとこ、にぎやかなとこどこですか言うて。乗りましたんや。ほしたら道頓堀のな、難波へ、連れてきてくれて。

それからこの、言葉を覚えないかんなあ、言葉を覚えるのにはやっぱり、麻雀したら覚えるなあ思て、ほいで高島屋の横の麻雀屋に入って、麻雀しはじめましたんや。ほしたら、なあ、もうみな達者な人らばっかりよ。それで俺もよ、負けますやんか。

それがね、一年ほど続きましたわ。それも旅館へ泊まってやで。旅館代払いながらやで。麻雀してましたんや。

ほいで、麻雀、一年ほど負けたらね、マスターがね、経営者が、麻雀屋の。あんた若いのにそんなに負けて、どっからカネ入るの、ウチで働いてよ、言うねん。

ほして、一年ほど勤めましたんや。そしたら、そうしとる間に、その、毎日（近くの食堂に）飯食べに来とる、女の子が来てるねん。なあ。うん。ほいで、あんたどこですか、いうて、ほいで、ご飯食べに来てるから、大阪ですよいうから。そうか、言葉教えてくれへんかないうて俺がいうと、ええよ、あんたどこなん、いうから、田舎のほうやけど、いうて。

ほしたら、飯代おいとくわいうてぱっと、俺、一万円ぱっと置くやん。びっくりするがな！　昔の一万円、ほんなもんむこうびっくり、うわーおっちゃんありがとう。ほんでいっぺんウチ行かへんかいうから、嫁はんの里へ。いまもおるとこや。そこ行かへんかいうからな、行ったんよ。ほして親にも会うたよ。

ほんで家借りることも知らなんだんや俺は。ほいたら文化（住宅）借りるいうて。ほんで、文化借りて。ほんでそういう大きなお金はもう、俺がぜんぶ出すやん、親から（借りて）。なあ。ほいで、あれや、借りて。ほいで所帯もって。

ほいで、バス乗ろうかな思てな、観光バス。ほやけど、おれ気性的に、忙しいから（笑）。ほやから、タクシー乗ったれ思て。ほてタクシー乗りましたんや。そこに十五年ほどおったかな。ほいでもうひとつのとこへ十五年、三十年。

（女子高生の格好をした三十代ぐらいの女性が、男性と手をつないで近寄ってくる）

――お客さん来たで

そんなん関係ない、若い子はわからへん（笑）。ほやからな。……あ、ねーちゃん。ねーちゃん、若い歌をな、おっちゃん作ったんや、聞いてくれるか。これはな、この古い歌（立て看板に書いてあるレパートリーの演歌）は、あんたらわからんねん。これは昔流行った歌やから。

ほやからね、おっちゃん若い子に、歌をな、ちょっと、作ってるんや。そういう歌を歌《うと》うてあげるから。

あのね、どの歌を歌おうかな、たくさんあるからな。若い子は若い子の、男の子ばっかりの歌もあるし。あるんやけどな。どんな歌いこうかな。ぱっと見て、思い出して歌おうか。それで、すぐ浮かび上がるねんおっちゃん。

（即興の歌）
やってきました新世界
きょうは彼女とデートです

……こんなん、いまパッと作るんやから。

（歌）
幸せになろうねと
通天閣から
阿倍野橋　新世界
肩よせ歩く

春が来て　ジャンジャン街に　花が咲く
好きやねん　大阪　大阪好きやねん

この街で　この街で　生きていくんやでー

……おっちゃん風邪ひいてるから、ごめんな。おっちゃんは自分らぐらいの歳のときにはな、恋愛してな、五人おったんで女。浮気せんように、真面目にやらなあかんで。べっぴんさん、離したらあかんど。（女性「ありがとう！」）

（カップルは前においてある箱にお金を入れずに立ち去った）

あんなひとらにな、お金くれともそんなことも言われへんし（笑）。

出ていくことと帰ること

私たちにはいつも、どこに行っても居場所がない。だから、いつも今いるここを出てどこかへ行きたい。

居場所、というものについては、さんざん語り尽くされ、言い古されているが、それはやはり何度でも立ち戻って考えてしまうようなものである。居場所が問題になるときは、かならずそれが失われたか、手に入れられないかのどちらかのときで、だから居場所はつねに必ず、否定的なかたちでしか存在しない。しかるべき居場所にいるときには、居場所という問題は思い浮かべられさえしない。居場所が問題となるときは、必ず、それが「ない」ときに限られる。

マイノリティと呼ばれるひとたち、「当事者」と呼ばれるひとたちはなおさらだが、私たちマジョリティやいわゆる「普通の市民」たちもまた、基本的にはみんな、居場所がないと思いながら暮らしている。仕事や家族や人間関係などで頭がいっぱいのときだけ、雑事にかまけて忙しいときだけ、私たちは、居場所の問題を忘れていられる。私たちにとって、居場所というのは、ないか、一時的にその問題について忘れているだけかの、どちらかだ。

私たちは、どこにいても、誰といても、居場所がない。たとえ家族や恋人といっしょにいても、そうだ。だから私たちは、どこかへ行きたいといつも思っている。そして、実際にたくさんの人びとが、外の世界へ一歩を踏み出していく。


映画『ジュラシック・パーク』の台詞「Life finds a way.」が好きだ。生命はいつか必ず、「道」を見つける。それは生き延びるための道、ここから出ていくための扉である。

私のゼミの女子学生で、いつも居場所がないと泣いているやつがいた。卒業して固いところに就職したのだが、いつのまにか会社を辞めてワーキングホリデーでオーストラリアで一年間暮らしたと思ったらそこも飛び出して、いま、世界を放浪している。シンガポール、タイ、ミャンマー、インド、ネパール、バングラデシュ、ドバイ。いまどこにいるかわからない。がんばれよ、と思う。

実際に、どこかに移動しなくても、「出口」を見つけることができる。誰にでも、思わぬところに「外にむかって開いている窓」があるのだ。私の場合は本だった。同じようなひとは多いだろう。

四角い紙の本は、それがそのまま、外の世界にむかって開いている四角い窓だ。だからみんな、本さえ読めば、実際には自分の家や街しか知らなくても、ここではないどこかに「外」というものがあって、私たちは自由に扉を開けてどこにでも行くことができるのだ、という感覚を得ることができる。そして私たちは、時がくれば本当に窓や扉を開けて、自分の好きなところに出かけていくのである。

つい先日、ある街で、シングルマザーのキャバ嬢と知り合うことができた。彼女は下町の出身で、まわりはヤンキーだらけで、中学のときに仲が良かった友だちは、大学に進学したものなど皆無で、それどころか大半が高校さえ卒業していない。彼女も中学のときに不登校になり、そういう仲間と出歩いて、家にも帰らない生活が続いた。

盛り場で風俗のキャッチの仕事をはじめ、やがて、ひょんなことから誘いをうけ、その街でも最高級のクラブのホステスになる。そしてそこで、一流大学を出た大企業の役員や、ブラックカードを持った実業家の客の相手をすることになる。

多くの女性が、こういう店でそういう客と出会ったあと、開店資金を出してもらったり、あるいはもっとストレートに「愛人」になる道を選ぶのだが、彼女は店に来る客をみて、自分もあちら側の人間になろう、と思ったのだという。

彼女はいま、まず高校卒業資格を取得するために、夜間高校に通いながら、シングルマザーや「夜の仕事」をする女性たちを支援するための活動をしている。

彼女にとっては、夜の仕事が外へ開いた窓になった。

夜の仕事がいいとか悪いとか、そういうことはいろいろ議論もあるだろうが、窓というものはそこらじゅうにあるのだなと思った。あるときは本が窓になったり、人が窓になったりする。音楽というものも、多くの人びとにとって、そうだろう。それは時に、思いもしなかった場所へ、なかば強引に私たちを連れ去っていく。

いまいるところから離れて、外に出ていく、ということは、強烈な解放感や自由の感覚をもたらすが、また同時に、孤独や不安をともなうことも多い。だから私たちは、たまには帰りたいと思う。帰る場所があるひともいるし、ないひともいるのだが。

私たちは、出ていって自由になる話と同じくらい、もといた場所に帰る話に惹かれる。


私の友人の、ある若い女性は、父親が日本人で、母親がフィリピン人だ。彼女には、最近、日本人の彼氏ができた。

彼女のフィリピン人の母親とその兄弟や姉妹たちの大半は、フィリピンには住んでいない。アメリカ、南米、ヨーロッパ、アジア、そして日本に出稼ぎに行って、そこで住んでいる。みんな現地の人びとと結婚して、がんばって働いて、実家に仕送りをしている。そのおかげで、フィリピンに住む祖父と祖母は、家を建てることができた。

彼女の母親を含む、世界中に散らばった兄弟姉妹たちが、全員フィリピンの実家に集まる日があるのだという。五年に一回、この年のこの日というように決めていて、その日になると、何があっても必ず兄弟姉妹たちが、世界中から実家に集まるのだ。

それぞれが移住した先でできた家族を全員連れて、みんな合わせるとすごい人数に膨れ上がって、みんなで帰ってくる。たびたび全員が集まるのはもう難しいから、五年に一度だけ、そういう日を決めてあるのだ。

彼女の家族も、その日は日本からフィリピンに集まる。今年は彼女も、自分の彼氏を連れてフィリピンに行くのだという。

地球上に散らばった家族が、移住したその先でまた家族を作り、そしてその新しい家族を連れて、全員で、生まれ育った家に帰ってくる。子どもの頃のようには、二度とみんなで一緒に住めないけれども、五年に一度だけ集まって、その日だけは、前よりももっともっと大きな家族になって、一緒に飲んだり食べたりする。そしてまた、世界中に散らばっていく。また五年後に、ここで会うことを約束して。

私はこの話を聞いて、すぐに手塚治虫の『火の鳥・望郷編』に出てくるエピソードを思い出した。狭くなった地球から、移民たちがロケットに乗って宇宙へ出ていく。しかし、移民たちはそこで人口を増やしたあと、結局はまたみんな地球へ帰っていく。

『火の鳥』は悲しい結末を迎えるけれども、この「五年ごとの家族」の話は、とても幸せな話だと思う。

帰ることができるひとは、幸せだ。世の中には、しばらくは帰ることができないひともいるし、二度と帰れないひとも多い。また、そもそも、帰るところがどこにもないひともいる。

那覇の繁華街からかなり離れた、宜野湾《ぎのわん》というすこしさびしいところで、地元の友人にスナックに連れていってもらったことがある。場末とまでは言わないが、沖縄の静かな住宅街のなかにぽつんとあるその店に入ると、カウンターのなかに、若いフィリピン人の女の子がいた。たしかマリアといった。

マリアはとても「ふくよか」な子で、明るく楽しい、いかにもフィリピン人の女の子という感じだったが、いろいろ話を聞いてるうちに、なぜか泣き出してしまった。

もう九年も家に帰ってない。田舎はマニラから遠く離れた小さな島にある。家族はみんなそこにいる。兄弟姉妹が七人もいて、私はいちばん上なので、下の子たちの面倒をみるために日本に来た。最初は川崎のフィリピンパブで働いていた。そして、すぐに常連の男と結婚した。たまたまその男が沖縄出身で、いっしょに沖縄に帰ってきた。

沖縄に帰ってすぐ、その男が、仕事をしなくなった。しかたなくマリアは、またホステスとして働きはじめた。そしてそれからも、離婚とか、いろいろなことを経て、そのとき彼女はその店にいた。

このまえいちばん上の弟が、フィリピン国内の大学に進学した。だから私が学費を稼がないといけない。だから、この店でがんばります。ママさんもいいひとだし。でも、帰りたい。（本当の）ママに会いたい。

そのとき店のドアが開き、常連のおっちゃんがどやどやと何人か入ってくると、いきなりマリアの大きな乳房をわしづかみにして、「また太ったな！」と言うと爆笑した。マリアも笑いながらその手をはねのけ、おっちゃんの泡盛のボトルを探しにカウンターの奥へ入った。


ずっと前、もう二十年も前の話だが、大阪で、しばらく日雇いのドカタとして暮らしていたときに、ある建築現場で、いつも一緒になっていたおっちゃんがいた。昼休み、四百円の不味《まず》い弁当を食べたあと、タバコを吸いながら、なんとなく話を聞いていると、家に帰りたい、と言い出した。帰ったらええやん、もうすぐ終わるで。アホかその家ちゃうわ。生まれた家や。ああそっちの家か。実家か。そうや。

その当時、たぶん五十代後半か、六十歳ぐらいだったそのおっちゃんは、自分の実家にもう三十年以上帰ってないと話した。唯一、まだ姉の家の電話番号だけは記憶していて、「台風や地震のときはな、大丈夫か、いうて、たまにこっそり電話するんや」。

いまはもう、そのおっちゃんも、生きてるか死んでるかわからないが、たぶん、実家に帰ることは二度となかっただろうと思う。

十年ほど前に那覇で乗ったタクシーの運転手のおっちゃんは、私は奄美《あまみ》の人間で、沖縄は合いません、と話していた。本土の人間からすると、どっちも似たようなものだと思いがちなのだが、実は奄美と沖縄とはかなり複雑な関係にある。

そのおっちゃんは、戦時中に朝鮮半島で生まれた。両親が奄美出身だった。小さいころに太平洋戦争が終わったのだが、彼がいた地域は「北朝鮮」となり、「朝鮮人たちからひどい扱いを受けた」という。朝鮮戦争が始まるころにようやく日本に引き揚げ、奄美に帰ってきた。彼にとっては、「はじめて見る故郷」だった奄美だが、わずか数ヵ月のうちに、当時は米軍政下で同じ「琉球」だった沖縄本島へ出稼ぎへ。その当時の那覇は、経済成長のまっただ中で、仕事がたくさんあったという。

しかし、沖縄へ出稼ぎに来た直後、一九五二年に、奄美は沖縄より先に日本へ返還されてしまう。そのまま沖縄に残った「日本人」としての彼は、軍政下の沖縄で「外国人」として扱われてしまう。そのときから、いろいろあったのだと思う。沖縄の復帰後も、ずっと那覇に住んでいる。

そのおっちゃんは、朝鮮で生まれ、人生のほとんどの時間を沖縄で過ごしている。奄美で過ごしたのは、わずか数ヵ月しかない。

運転しているあいだ、おっちゃんは、何度も何度も、「私は奄美の人間ですから、沖縄は肌に合いません」と繰り返していた。

奄美にいた数ヵ月以外は、七十年ものあいだ、ずっと「よそもの」として暮らしてきたのだろう。

私たちはここでないどこかをめざして、窓や扉を開けて出ていく。もといた場所に帰るひともいれば、帰らないひともいる。

そして、そうした旅の途中で、これ以上進めば、もう二度と、もといた場所には帰れないかもしれない、という地点がある。そういう経験が、たまに訪れる。

若いときに、沖縄のすべての離島をめぐって、ひとりで素潜りをしていた。知り合いも友だちもいない離島だと、素潜りでもしないと間がもたないので、泳げないくせに、シュノーケルとフィンをつけて必死でひとりで海に潜っていたのだ。

あるとき、石垣島の白保《しらほ》で潜っていた。台風のあとで、風が強く、波も高く、流れも速かった。海も濁って、見通しも悪かった。

リーフの手前、五メートルほどの水深のところで素潜りをしていると、もやのかかったような沖合の深い海の底から、一メートルを超えるような大きな海亀が現れた。

沖縄の海で海亀や鮫《さめ》に出会うことは珍しくなく、私もそのあとなんども遭遇しているが、そのときは初めてだったので、心臓が高鳴った。海亀はゆっくりと旋回してふたたび沖合の深い方へ戻っていったが、私はそのあとを、無意識のうちについていった。

かなり沖合にまで行ったところで、その海亀がふと、こちらを振り返り、目が合った。私は我に返った。もう少しで二度と戻れないところまで行くところだった。

死にたくなくて、懸命に岸に戻ってみると、最初にいたビーチからはるか彼方まで流されていた。

同じころ、夜中にひとりで散歩をするのが好きで、何時間も何時間も、大阪の街を歩いていた。大阪の街中は明るくにぎやかだが、当時住んでいた淀川の川べりあたりは、夜になると静かで、真っ暗だった。

そういうところをよく歩いていたのだが、あるとき、真っ暗な路地裏で、前方のほうから、ひとりの老人が近寄ってくるのが見えた。

ぽつんぽつんと離れた街灯に照らされながら、少しずつ、おたがい距離を縮めていった。すぐ目の前に来たときに気付いたのだが、その老人は全裸だった。手に小さな風呂桶を持っていた。

今から考えれば、全裸で銭湯にいくことは、これ以上ないほど合理的なことなのだが、そのときは心臓が止まりそうになった。

あのときは、もう少しで、どこかへ連れていかれて二度と戻れないのではないかと、わりと本気で感じた。

ナショナル
松下電器販売店
山下デンキ商会
TEL72-0351
ユキ美容室

笑いと自由

先日、ある地方議会で、男性議員からの、女性議員に対するとても深刻なセクハラヤジがあり、メディアでも大きく取り上げられて問題になっていたが、そのとき印象的だったのは、ヤジを飛ばされているちょうどそのとき、その女性議員がかすかに笑ったことだった。

あの笑いはいったい何だろうと考えている。

仕事でも、あるいは個人的にも、いろんな人たちとお付き合いがあり、なかでも自分の研究や教育、社会活動の関係で、いわゆるマイノリティとか差別とか人権とかそういう活動をしている人たちと友だちになることが多い。

ある在日コリアンの男性で、私が心から尊敬して信頼している友人がいるのだが、彼がいつもくだらないことばかり言う。さすがに詳しくはここでは書けないが、非常に不謹慎で、自虐的なネタを言うことも多い。携帯に着信があって取ると「こんにちは、北朝鮮のスパイですけど」とか言われる。不謹慎以前にスベっていることも多く、どう返していいかわからないので、大半は何か適当にごにょごにょとつぶやいている。彼のふだんの、真面目で地道で真摯な活動をよく知っているだけに、いつも困る。

沖縄で、基地問題や沖縄戦の研究で非常に著名な方から、「内地留学」のお話を伺ったことがある。沖縄では、復帰前に本土の大学や大学院に進学することを、「内地留学」とか「本土進学」という言い方をしていた。本土へ来るのにパスポートが必要な時代だった。自分の家族と親戚が一度だけ、わざわざ沖縄から会いに来たことがあって、東京の繁華街の真ん中で待ち合わせたときに「向こうのほうから真っ黒い顔の集団がやってきて、どこの土人かと思ったら、僕の家族だったよ」と言って大笑いをしていた。私は曖昧かつ間抜けな笑みをうかべて、あははと小さく笑うしかなかった。

部落問題について研究している連れあいの齋藤直子が、関西のある被差別部落の青年会の人たちと車で一緒に移動しているときに、また別のもうひとつの被差別部落の横を通りかかったら、青年たちが「なんか臭いな」「なんか臭いで」「ここ部落ちゃうか」「ここ部落やで」と言いながら大笑いしていたそうだ。

仕事のせいで、部落や沖縄の話が多くなってしまうのだが、もちろん特定の差別問題や社会問題に関係するところでだけ、こうした笑いが生まれるのではない。それはそこらじゅうに、ほんとうにいたるところにある。

私には子どもができない。重度の無精子症だからだ。あるとき連れあいが、病院から検査結果を、泣きじゃくりながら持って帰ってきたとき、私はその話を聞きながらぼんやりと、「おれ安全だったんや、結婚する前にもっと遊べばよかった」と思っていた。いや、そうではなく、もっと正確にいうと、「これは『おれ安全だったんや、結婚する前にもっと遊べばよかった』というネタにできるな」ということを考えていたのだ。私は咄嗟《とっさ》に、この話をどうすれば笑いを取れるネタにできるかを考えていた。

私は咄嗟に、無意識に、瞬間的に、その話をネタにすることで、どうにかそのことに耐えることができた。もちろん、それから何年か経つが、そのことと「折り合い」をつけることはいまだにできない。ただ、私たちは、人生のなかでどうしても折り合いのつかないことを、笑ってやりすごすことができる。必ずしもひとに言わないまでも、自分のなかで自分のことを笑うことで、私たちは自分というこのどうしようもないものとなんとか付き合っていける。

それはその場限りの、はかない、一瞬のものだが、それでもその一瞬をつなげていくことで、なんとかこの人生というものを続けていくことができる。

ちなみに、たまに授業や講演などで自分自身の話をすることがあるが、「それ聞いたとき、『おれ安全だったんや、結婚する前にもっと遊べばよかった』って思っててん」と話すのだが、いままで一度も笑いを取れたことがない。

私たちは私たちの人生に縛りつけられている。私たちは自分の人生をイチから選ぶことができない。なにかとても理不尽ないきさつによって、ある特定の時代の特定の場所に生まれ、さまざまな「不充分さ」をかかえたこの私というものに閉じこめられて、一生を生きるしかない。私たちが生きるしかないこの人生というものは、しばしばとても辛いものである。

なにかに傷ついたとき、なにかに傷つけられたとき、人はまず、黙り込む。ぐっと我慢をして、耐える。あるいは、反射的に怒る。怒鳴ったり、言い返したり、睨《にら》んだりする。時には手が出てしまうこともある。

しかし、笑うこともできる。

辛いときの反射的な笑いも、当事者によってネタにされた自虐的な笑いも、どちらも私は、人間の自由というもの、そのものだと思う。人間の自由は、無限の可能性や、かけがえのない自己実現などといったお題目とは関係がない。それは、そういう大きな、勇ましい物語のなかにはない。

少なくとも私たちには、もっとも辛いそのときに、笑う自由がある。もっとも辛い状況のまっただ中でさえ、そこに縛られない自由がある。人が自由である、ということは、選択肢がたくさんあるとか、可能性がたくさんあるとか、そういうことではない。ギリギリまで切り詰められた現実の果てで、もうひとつだけ何かが残されて、そこにある。それが自由というものだ。

当事者だけとは限らない。言葉というものは、単なる道具ではなく、切れば血が出る。そうした言葉を「受け取ってしまった」人びとも、もはや他人ではない。

人の語りを聞くということは、ある人生のなかに入っていくということである。


私は、ひどい話を聞いたときに笑う癖がどうしても抜けない。さいきん、貧しい地域などでさまざまな支援活動をしているひとたちから、「岸さんの好きそうな話があるんですけど」とよく言われる。聞くと、貧困と暴力の、ひどい話だったりする。「いや、別にそういうのが好きなわけじゃないんですが……」。自分でも気付かないうちに、そういう話を聞きながらよく笑っているので、誤解されているようだ。

それがどういう笑いかを説明するのは難しい。もちろん、ひどい話を聞いて、それを嘲《あざけ》って笑っているのではない。だが、そういうときに反射的に、短く鋭い、乾いた笑い声をたててしまう。

私は、他人が苦しんでいる話を聞いたとき、それがひどい話であるほど、安易に泣いたり怒ったりしたくない。だから、ひどい話を聞いて揺さぶられた感情が、出口を探して、笑いになって出てくるのかもしれない。

末井昭さんの『自殺』という本がある。末井さんの母親は、若いときに愛人とダイナマイトで心中している。母親が木っ端みじんになっているのである。この体験をしばらく誰にも話せなかったが、あるとき、篠原勝之さんに思い切って話したときに、彼が笑いながら聞いたという。そして、そのことで、その話を他人に話すことが、かなり楽になったという。

私の笑いが、この笑いと同じだと言っているのではない。ただ、いつも考えるのは、このとき篠原勝之さんが「わざと笑った」としたら、どうだっただろう、ということだ。おそらくそれは、末井さんを深く傷つける結果に終わり、そして末井さんは誰にもこの体験を話すことができなくなって、そしてこの素晴らしい本も生まれなかっただろう。

私の勝手な想像だが、篠原勝之さんはその話を聞いて、馬鹿にしたのでも、表面的に面白がったのでもなかったのだと思う。ただもう、その話を聞いて、笑うしかなかったのだ。

私たちは、つらい状況におちいったとき、ひたすらそのことに苦しみ、我慢し、歯を食いしばって耐える。そうすることで私たちは、「被害者」のようなものになっていく。

あるいはまた、私たちは、正面から闘い、異議申し立てをおこない、あらゆる手段に訴えて、なんとかその状況を覆《くつがえ》そうとする。そのとき私たちは、「抵抗者」になっている。しかし私たちは、そうしたいくつかの選択肢から逃れることもできる。どうしても逃れられない運命のただ中でふと漏らされる、不謹慎な笑いは、人間の自由というものの、ひとつの象徴的なあらわれである。そしてそういう自由は、被害者の苦しみのなかにも、抵抗する者の勇気ある闘いのなかにも存在する。

アーシュラ・K・ル＝グウィンの『ゲド戦記』第四巻に、とても印象的なシーンがある。大魔法使いゲドの「伴侶」であるテナーという女性は、テルーという里子を育てている。テルーは、まだ小さな子どもだが、言葉では言えないような陰惨なことをされて、顔の半分がケロイドのようにただれている。テナーは、心に難しいところをたくさん抱えるテルーを心から愛している。もちろんその顔の傷も一緒に愛を注いでいる。

しかし、こんなシーンがある。ある夜テナーは、ぐっすりと寝ているテルーの寝顔を見ているうちに、ふと、手のひらで顔のケロイドを覆い隠す。そこには美しい肌をした子どもの寝顔があらわれる。

テナーはすぐに手を離して、何も気付かず寝ているテルーの顔の傷跡にキスをする。

笑いとはあまり関係のないシーンだが、私はこのシーンに、私がここで言いたかったことがすべて描かれていると思う。テナーはテルーの傷跡もふくめて、そのすべてを愛している。でも、あるときふと、その傷跡を手で隠して、きれいな顔のテルーを想像する。それは誰にも知られない、ほんの一瞬のことだが、この描写によって、ありのままのかけがえのないものをすべて受け入れるテナーの愛情から、あらゆるきれいごとや建前がきれいに消されている。

ある種の笑いというものは、心のいちばん奥にある暗い穴のようなもので、なにかあると私たちはそこに逃げ込んで、外の世界の嵐をやりすごす。そうやって私たちは、バランスを取って、かろうじて生きている。

最後にひとつの話を書く。これもまた不謹慎な笑いについての話ではあるが、すこしこれまでの話とは異なるかもしれない。だが、私もまだうまく言い表せないのだが、どこかでつながっていると思う。

ルイスは南米生まれの若いゲイの男性だ。はじめて会ったときは、そういうことは知らなかった。ただ、面白い、気のいい、明るい、よく笑うやつだと思っていた。ルイスと二回目に会ったその夜、友だちと大勢でわいわいと飲んでて、いろんな話をしてるうちに、あれ、と思うことがあった。会話のなかに、田亀源五郎の話がたまたま出たのだ。南米出身で、子どものときに日本に来て、普通に暮らしてきたのに、有名なゲイ・アーティストである田亀源五郎を、なんで知ってるんだろう。

深夜、私もかなり酔っぱらっていたので、躊躇《ちゅうちょ》なく「君、ゲイだよね？」と聞いた。一瞬の間があって、ルイスは「は、はい」と答えた。

そこからその話になって、みんなでルイスに、ゲイであることにまつわるいろいろなことを教えてもらった。私とルイスは親友になり（その場の全員がルイスと親友になった）、彼のことを本に書いた。

アウティング、という言葉がある。いろいろな意味で使われるが、たとえば、ゲイであることを隠して生きているひとのことを、みんなにばらしてしまうことなどをさす。だからこれは、自分から決心して打ち明けるカミングアウトとは、まったく異なることである。それは、絶対にやってはいけないことのひとつだ。

私は、当たり前だが、それ以前もそれ以後も、こういうことをしていない。私はルイスがゲイであるかどうか知らずにたまたま「当ててしまった」のだが、これもアウティングの一種である。

私はそれまでもしたことがなかったし、それからも一度もしていない。あの夜のあれは、人生でたった一度しか来ないタイミングだった。死ぬまで二度としないと思う。

ただ、あの夜、私はほんとうにうれしかったし、楽しかった。心から笑った。ルイスもよく、あの夜のことを思い出して、あの一言がなければ、こんなにみんなと打ち解けることは絶対になかったと言っている。

手のひらのスイッチ

誕生日をお祝いする、ということの意味が、ながいことわからなかったが、やっと最近になって理解できるようになった。ずっと、どうして「ただその日に生まれただけ」で、おめでとうを言ったり言われたりしないといけないのか、判然としなかったのだけれども、その日だけは私たちは、何も成し遂げてなくても、祝福されることができる。誕生日は、一年にいちど、かならず全員に回ってくる。何もしないでその日を迎えただけなのに、それでもおめでとうと言ってもらえる。誕生日とは、そういうことだったのである。

よく聞く話だが、夫が浮気をしていて、それが妻だけでなく子どもたちにもバレて、家族関係が最悪になる。子どもたちは大きくなって家から出ていき、そこに夫と妻だけが残される。先日、直接の知り合いではないが、またそういう話を聞いた。そのときに私たちが話したのは、子育てが終わって子どもたちが出ていった後に、またふたたび夫婦ふたりきりになって、そしてそういう状態のままそのあと何十年も一緒に暮らせるだろうか、ということだった。

ふつうに考えれば、離婚したほうが良いに決まっている。しかし妻のほうは、ながいこと専業主婦をしていて、アルバイトやパート以外で、外で働いた経験がほとんどない。だから、夫の収入に頼らざるをえない。この社会はいつも、女性のほうが選択肢が少ないようにできていると思う。

こういう話ばかり聞くから、やっぱり学生たちにも、女性でもひとりで暮らしていけるだけの、最低限の収入は確保しといたほうがいいよ、と言う。だが、私の授業が下手なせいもあるだろうが、なかなか全員には伝わらない。いまだに、キラキラした結婚式や、家族の愛にかこまれた専業主婦のイメージは、とても強い。

女性でも男性でも、心身などに事情がないかぎり、ひとり分の食い扶持《ぶち》は確保しておいたほうがよいということは、ある程度の年齢になれば、政治的立場にかかわらず多くのひとが常識として捉えることだと思う。しかし、こういう、人生に起こりうる何かのリスクを考える、ということは、私たちが持っている「幸せ」のイメージからはほど遠い。だからなにか、社会学というもの自体が、世の中の辛いことや悲しいことばかり言って、自分たちを一人ひとりバラバラにするものだと誤解するひとがいる。

私たちが持っている、そうした幸せのイメージは、ときとして、いろいろなかたちで、それが得られない人びとへの暴力になる。たとえば、それを信じたせいで、そこから道が外れてしまったときには、もう対処できないほど手遅れになっていることがある。

しかし、それとはまた別に、もっと単純に、そうしたイメージ自体がひとを傷つけることがある。

すこし前に、東京のある有名なファッションビルのテレビコマーシャルが叩かれたことがあった。ひとりの女性が、会社の先輩の男性から、その地味な身なりをからかわれる。その男性は、髪型も服ももっときれいにしている別の女性社員のことを、これみよがしにかわいいかわいいと褒める。

そのコマーシャルでは、驚いたことに、そういうことを言われた女性が「私がさぼってたんだ。もっとがんばってきれいにならなくちゃ」とつぶやくところで終わる。

さすがにこのコマーシャルはひどすぎて、すぐに作った側が謝罪して撤回することになった。これは明らかに単なるセクハラだが、それでも私たちは、ここまでではなくても、家族や結婚はこうあるべき、女性や男性はこうあるべきだと思い込んでいて、それが私たちをがんじがらめに縛る鎖になっている。

そして、そこから外れたひと、あるいは「外れたと思い込まされたひと」は、自分が悪いのではないか、自分はもう幸せにはなれないのではないかと感じる。

子ども、というものは、この社会ではもっともわかりやすく強力な幸せのシンボルである。また、結婚すれば「できて当然」のものだと考えられている。

しかし、たとえば子どもの写真がプリントされている年賀状を出してくるような友だちとは、やっぱり徐々に疎遠になってしまう。もちろん、仲の良い友だちが妊娠・出産すれば心から祝福する。しかしそれでも、そのうち自然と話が合わなくなり、なんとなく付き合いづらくなってしまう、ということはある。特にそれを妬《ねた》んだり僻《ひが》んだりしていなくても、ただ「自然と」疎遠になっていくことで、ああ私たちはそういう、世の中の幸せというものから「自然に」遠ざけられていくんだな、と実感する。

実際に私は、子育ての苦労とか、ＰＴＡのお付き合いとか、そういう一切のことをまったく知らないまま生きているので、もし友だちとみんなで話しててそういう会話になったら、もう黙り込むしかない。

それにしても、妬みや僻みの感情はないけれども、ひとはしばしば、ほんとうにしょっちゅう、「お子さんは？」という質問を口にする。別にそういうときでも、普通に「あ、ウチいないんです」と答えることはできるが。それから、ほかに、「うるさい子どもがいなくてうらやましい」とか、「夫婦仲が良いからいいですね」とか、そういうこともよく言われる。

とにかく、そういうわけで、幸せのイメージというものは、私たちを縛る鎖のようになるときがある。同性愛のひと、シングルのひと、子どもができないひとなど、家族や結婚に関してだけでもこれだけいろいろな生き方がある。それだけではなく、働き方や趣味のありかたなど、生きていくうえで私たちがしているありとあらゆることについて、なにか「良いもの」と「良くないもの」が決められ、区別されている。

ここから、考え方がいくつかに分かれる。おそらく、そのなかでもっとも正しいのは、極端にいえば「良い」と思うことをやめてしまうこと、あるいは、そこまでいかなくても、それが「一般的に良いものである」という語り方をやめてしまうことだろう。

ある人が良いと思っていることが、また別のある人びとにとっては暴力として働いてしまうのはなぜかというと、それが語られるとき、徹底的に個人的な、「〈私は〉これが良いと思う」という語り方ではなく、「それは良いものだ。なぜなら、それは〈一般的に〉良いとされているからだ」という語り方になっているからだ。

完全に個人的な、私だけの「良いもの」は、誰を傷つけることもない。そこにはもとから私以外の存在が一切含まれていないので、誰を排除することもない。しかし、「一般的に良いとされているもの」は、そこに含まれる人びとと、そこに含まれない人びとの区別を、自動的につくり出してしまう。

「私は、この色の石が好きだ」という語りは、そこに誰も含まれていないから、誰のことも排除しない。しかし、「この色の石を持っているひとは、幸せだ」という語りは、その石を持っているひとと、持っていないひととの区別を生み出す。つまりここには、幸せなひとと、不幸せなひとが現れてしまう。

したがって、まず私たちがすべきことは、良いものについてのすべての語りを、「私は」という主語から始めるということになる。あるいは、なにかの色の石を持っているかどうか、ということと、幸せかどうか、ということとを、切り離して考えること。

私たちが、ある男性と女性が結婚したという、そのことを祝福する、ということは、こういうことだ。私たちは、好きな異性と結ばれることが幸せだと思っていて、そして目の前に、そうして結ばれた二人がいる。この二人は幸せである。だから祝福する。

つまり、ここでは、好きな異性と結ばれることは、その当人たちにとってだけではなく、世間一般にそれは幸せなことである、という考え方が前提になっている。この考え方、語り方、祝福のやり方は、同時に、好きな異性と結ばれていない人びとは、不幸せであるか、あるいは少なくとも、この二人ほど幸せではない、という意味を、必然的に持ってしまう。

そうすると、ある二人の結婚を祝う、ということそのものが、たとえば単身者や同性愛者たちにとっては、呪いになるのである。

ここで私たちが「正しく」あるためには、そもそも愛する異性と一緒になるという慣習をやめてしまうか、あるいは少なくとも、それを祝うということをやめてしまうほかない。そうなれば、もう誰も傷つくことはない。

要するに、良いものと悪いものとを分ける規範を、すべて捨てる、ということだ。規範というものは、かならずそこから排除される人びとを生み出してしまうからである。

しかし同時に、私たちの小さな、断片的な人生の、ささやかな幸せというものは、そうした規範、あるいは「良いもの」でできている。私たちには、この小さな良いものをすべて手放すことは、とてもとても難しい。

私と連れあいは無意味な儀式が嫌いで、だから結婚したときも結婚式も何もしていないのだが、たとえば学生や卒業生のなかの、かなりの割合の若い女性が、結婚式に対する素朴なあこがれを持っていることに驚く。飲み会の席でもよくそういう話になる。

なぜそんなに結婚式がしたいの、と何度も聞くのだが、あまりよく理解できたことがない。しかし、なんとなく、その日だけはきれいなドレスを着て、みんなからきれいだね、おめでとうと祝福されたいのだな、ということはわかる。

私たちは普段、努力してなにかを成し遂げたことに対してはほめられたり、認められたりするが、ただそこに存在しているだけで、おめでとう、よかったね、きれいだよと言ってもらえることはめったにない。だから、そういう日が、人生のなかで、たとえ一日だけでもあれば、それで私たちは生きていけるのだ。

実際に、卒業生の結婚式によく招待されるけれども、新郎も新婦も、とても美しく、晴れやかで、祝福を受けるに値する。私は心からおめでとうと言う。

そうした幸せというものは、はじめに書いたとおり、そこから排除される人びとを生み出す、という意味で、それは同時に暴力でもある。私は友人や卒業生の結婚式に行くことが楽しみだし、実際に心から祝福するけれども、それでも他の来賓が挨拶で「一日もはやく元気な赤ちゃんを」とか「子宝にめぐまれますように」と言うのを聞くと、とても複雑な気分になる。

ここのところで私はいつも、ほんとうに、言葉が出なくなる。幸せが暴力をともなうものだとして、それでは私たちは、それを捨ててしまうべきなのか。極端な話、ヘテロセクシュアル（異性愛）の人びとが結婚式をあげるということは、それだけで、同性愛の人びとに対する抑圧になりうる。私たちはそういうものを、どうすれば祝福できるだろうか。

しかしまた同時に、こういうこともある。先日も飲み会の席で卒業生の女性が、彼氏の収入が低すぎて結婚できないと言って泣き出した。私はそのときに、素朴に、別に結婚式なんかしなくていいんじゃないかと思ったけれども、それでも純粋にそういうものに憧れて、そういう幸せを得たいと思っているこの目の前の女性に対して、そういうことは言えなかった。それは彼女にとっては、とてもとても大切なものなのだ。

私も、不妊治療をしていて辛いときに、子どもだけが人生じゃないよとか、そういうきれいごとを言われることがもっとも不愉快だった。

たとえば、女性は若くきれいにかわいくしているべきである、という、ありきたりな規範がある。それは私たちを縛り付ける鎖であり、たくさんの人びとを排除する暴力である。しかし、たとえば女性が身ぎれいにすること自体を、暴力に等しいものとして否定することは、なかなか難しい。

ここで、ひとつの考え方がある。それは、「さまざまな価値観を尊重しましょう」というものだ。だから、おしゃれをしたりメークをしたりすること自体が悪いことなのではなくて、それを他者から、あるいは社会全体から強制されてしまうことを否定しましょう、ということである。たとえば無神経な上司から外見をからかわれたことを気にしておしゃれをする、ということは、いかにも屈辱的なことなのだが、自分なりの個性的な価値観と信念に基づいておしゃれをすることは、何も悪いことではない、ということになる。

だが、私はここから本当にわからなくなる。私たちは「実際に」どれぐらい個性的であるだろうか。私たちは本当に、社会的に共有された規範の暴力をすべてはねのけることができるほどのしっかりした「自分」というものを持っているだろうか。

むしろ私たちは、それほど個性的な服を着ることよりも、普通にきれいでかわいい服を着て、普通にきれいでかわいいねとみんなから言われたいのではないだろうか。個性的である、ということは、孤独なことだ。私たちはその孤独に耐えることができるだろうか。

そもそも幸せというものは、もっとありきたりな、つまらないものなのではないだろうか。


子どものときに、いつも手のひらのなかに見えないスイッチを握っていた。なにか困ったことがあると、空想のなかで「カチッ」とそのスイッチを押せば、すべてうまくいく、ということをずっと想像していた。小学生ぐらいまでだろうか、けっこう大きくなるまで、無意識のうちにいつもスイッチを手に持っていたと思う。

スイッチを押したくなることはたくさんあったが、なかでももっとも私の頭のなかを占拠していたのは、外見に関する劣等感だった。私は自分の外見が大嫌いだったのだ。

私はとにかく見た目の悪さに真剣に引け目を感じていた。外見だけでなく、いまでもそうだが、子どものときも体の動きが極端にぎこちなくて、スポーツ、特に球技がまったくダメで、そういうところでも強い劣等感を持っていた。それでもまったくモテなかったわけではないが、他人からどう評価されるかとは別に、とにかく私はもっとかっこいい見た目に生まれたかった。小学生ぐらいのときはそればかり考えていた。

思い返すと、ほんとうにくだらない、つまらないことで悩んでいたのだなと思う。しかしこの歳になってもまだ、ときおり想像をしてしまう。美しく、幸せで、何も欠けるところのない、完全な人生を送っている自分を。人から称賛され、平穏で、なんの落ち度もない人生を。家族に囲まれた、幸せな人生を。

いま現実にそうであるように、毎日を無事に暮らしているだけでも、それはかなり幸せな人生といえるのだが、それでも私たちの人生は、欠けたところばかり、折り合いのつかないことばかりだ。それはざらざらしていて、痛みや苦しみに満ちていて、子どものときに思っていたものよりもはるかに小さく、狭く、断片的である。

何もしてないのに「かわいい」「かっこいい」「おめでとう」「よかったね」、そして「愛してる」と言われることは、私たちからもっとも遠くにある、そして私たちにとってもっとも大切な、はかない夢である——そしてそれが同時に、ほかの人びとを傷つけてしまうこともある。だから私は、ほんとうにどうしていいかわからない。

他人の手

他人が嫌いで、ひとりでいることが好きだが、たまに、人の手が恋しいときがある。

見ず知らずの他人との身体的接触は、たいていの場合は苦痛をともなうものだ。都市で暮らしていると実感するのだが、人がいない空間というものがいちばん金がかかる。個室、グリーン車、ビジネスクラス、あるいはただ単に、テーブルとテーブルとのあいだにじゅうぶんなゆとりが確保されたカフェやレストラン。人がたくさんいるところで、人のいない空間を確保することが、いちばん金がかかる。やっぱりみんな、他人の身体と一緒にされることが辛いのだ。

ときどき東京に出張したときの、あの電車の混み具合には、ほんとうに驚かされる。みんなよく我慢してるな、と思う。我慢しないと暮らせないので、我慢しないとしょうがないのだが。

実際に身体に触ることのほかにも、身体の動作を他人とむりやり合わさせられる、ということもまた、たまらなく不快だ。それはほとんど、むりやり身体的に接触させられることの嫌悪感と変わらない。

もう二十五年以上前のことだが、大阪でひとりで、いろんなジャズのライブハウスに通っていたとき、一度だけ間違えて「シャンソン」の店に入ったことがある。演奏が始まってから、ああしまった、やってもうたと後悔した。しかも客が私ひとりしかいなかった。それでも、客がひとりのこの状態で演奏の途中で店を出るのは失礼だと思って、しばらく我慢して聴いていると、あの独特のヒラヒラしたドレスのボーカルのおねえさんがマイクを持って、歌いながら、こちらに近づいてきた。そして、

「おー、シャンゼリゼ」

と歌ったあと、マイクを私に向けた。私にも「おー、シャンゼリゼ」と歌えと言ってい

るのだ。まだ十八そこそこだった私は、若すぎて、そんなことができるはずもなく、おそらくは顔を真っ赤にして、無言のまますぐに店をとびだした。

もう四十七歳になって、そういう無駄な自意識とはようやく無縁になれたので、いまだったら恥をかなぐり捨てて大きな声でわざと楽しそうに演技して歌っていると思う。

その前に、もうシャンソンの生演奏をする店も、ほとんど残っていないのだが。


沖縄で長いこと調査をしたり、ただ飲みに行ったりしているのだが、いまだに「カチャーシ」という習慣が苦手だ。宴会のときに、三線《さんしん》を持ちよって、泡盛を飲みながらみんなで沖縄民謡を歌っているうちに、自然とみんなで立ち上がり、輪になって踊る、ということが沖縄の飲み会ではよくあると言われていて、この踊りの輪のことをカチャーシと呼ぶのだが、これがほんとうに苦手だ。

それは沖縄の伝統的・民俗的な、長く受け継がれてきた文化だと言われているのだが、私が地元のふつうの人びとと飲んでいるときに、カチャーシになんか、なったことがない。おそらくもうそれは、よっぽどのお祝いの場か、特別の場所でしか見られないものになっていると思う。

いままでそれを見たのは、ほとんどが観光客向けの居酒屋か、「多文化共生」をうたうような人権イベントでしかない。そういうときのカチャーシは、人工的な、「お約束」としておこなわれるもので、参加者たちはなかば強制的に踊らされる。みんな楽しそうなフリをしているが、ほんとうは苦手なはずだと思う。でも「せっかく沖縄に来ているのだから楽しまないと」とか、「沖縄文化を尊重しないと」という真面目な気持ちでやっているのだろう。

このように、他人と一緒になる、ということは、とても嫌なものだ。

だが、しかし、他人に身を預けること、他人に身体を触られることの嫌悪感を強く感じながら暮らしていても、あるとき偶然に差し伸べられる他人の手に、救われることがある。

すでに何度も書いているが、とてもささやかなものではあるが、私はひとの生活史を聞くことを仕事にしていて、ときどきインタビューをする。インタビューと、息を止めて海に潜ることは、とてもよく似ている。ひとの生活史を聞くときはいつも、冷たくて暗い夜の海のなかに、ひとりで裸で潜っていくような感覚がある。

待ち合わせ場所で会って、カフェなら飲み物を注文して、どうもどうも、お忙しいところを、などと決まり文句の挨拶をかわし、世間話から始まって、あるところで、最初のひとつの質問が発せられる。

――「お生まれは？」

そこから、短ければ一時間、これまでもっとも長かったのは、三日間にわけて八時間、というものもあったが、たいていは二時間か三時間、ひとりのひとの生い立ちから現在にいたるまでの物語を聞く。

最初の質問はだいたい決まっていて、生まれた年や場所のこと、あるいはいまのお仕事やご家族の話から始めることもあるが、いずれにせよそれは、普通の、ありきたりな言葉から始まる。

最初の質問のあとに、それに答えるかたちで、最初の語りが生まれる。すると、その語りが、思ってもみなかったような次の質問を生み出す。そしてまた新しい語りが生まれてくる。

始まりはどれも似たような質問なのだが、五分と経たないうちに、すべての生活史が、はじめて聞く、まったく新しいものとして、姿を現してくる。二時間も経つころにはそれは、複雑なサンゴ礁のような、巨大な迷路のような、全体を見渡すことができないほど大きなものへと変わっていく。

そしていつか聞き取りは終わる。ありがとうございました、と挨拶を交わし、連絡先などの事務的なことをいくつか伝えて、カフェの支払いを済ませ、それぞれまた他人に戻って、別々に店から出ていく。

数時間ぶりに我に返ってまず感じるのは、いつも、強烈な孤独感である。数時間を他人と人生を共有したあとだから、よけいにそうなのかもしれないが、むしろ私は、この感覚は、人ひとりの生活史というなにかとてつもなく大きなもののなかを旅した後に感じるものだと思う。私は、我を忘れさせる長い旅のあとで、「この私」のなかに戻ってくるのである。

インタビューの最初の質問は、海に潜るときの、最初のひと息に似ている。シュノーケルで浮いている状態から、深く空気を吸い込んで息を止め、お辞儀する要領で頭を勢いよく水面下に潜らせて、足を後ろに高く反らせ、そのまま一気に下まで沈んでいくときの、あの感覚。私は語りに導かれて、深い海の底まで沈んでいく。息を止めて潜っても潜っても底が真っ暗で見えない。

そして、聞き取りが終わると、ゆっくりと水面に浮かび上がっていく。水面から顔を出して、大きく息を吸い込んで気がつくと、たったひとりで夜の海に浮かんでいる。こうして、私は「この私」に還ってくる。

そして、そのとき、とてもさびしい気分になる。

聞き取りが終わって、そういう気分のときに、たまにマッサージ屋に行くことがある。那覇と、地元の大阪で聞き取りをすることが多いが、大阪で聞き取りをしたあとは、いつも行く店が決まっている。それは私の家の近所にある、このあたりではいちばんの老舗の大手で、値段も安く、数多いスタッフも上手だ（たまにハズレがあるが）。いつも行くときはここと決めている。とくに、時間があえば、店長のHさんを指名して一時間半じっくり揉《も》んでもらう。

Hさんは台湾人の中年の男性で、たくましい腕と禿《は》げた頭と、そしてありえないぐらいふさふさに生えた鼻毛が特徴である。あれぐらい堂々と生えていると、鼻毛とわかっていてもまったく気にならない。そして何より、Hさんは、ゴッドハンドの持ち主である。下だけジャージを借りて履き替え、マッサージ台の上にうつぶせになって、バスタオルをかけられ、ぐいっと左腰と右肩を同時に上から押されただけでもう、ああこの人は上手いな、とわかる。

全身を揉まれながら私が感じるのは、この私の身体の境界線である。マッサージというものは、外部の世界とこの私とのあいだにある「国境」を確定し、再確認する作業であると思う。頭の上からつま先まで、万遍なく人の手によって揉まれながら、私は私の身体の大きさや、形や、温度や、固さを感じる。それは自分ひとりの手によっては感じることができない。その作業には、どうしても他人の手が必要なのだ。


つい先日、短期間のうちに二人の他人を抱きかかえた。

那覇で路線バスに乗っていたときのことだ。前方にむかって左側のいちばん前にいつも乗る。景色がよく見えるからだ。運転手の真横で、料金箱と出口ドアのすぐ後ろになる。

ひとりのかなり高齢のおばあ（沖縄でお婆さんをこう呼ぶ）が乗ってきた。沖縄のバスはのんびりしていて、ちゃんとおばあが席に座るまで発車せず、ずっと待っていた。おばあがゆっくりと席につくと、ゆっくりとバスが発車した。

バスはしばらく、那覇の街をのろのろと進んでいた。あるバス停で、そのおばあが降りようとした。前方の降車用のドアから降りようとするのだが、足が悪く、旧型の車両の高いステップを降りることができない。

降車ドアのすぐ横で座っていた私は、席を立って、先に降りていって、下からおばあの腕をとって補助しようとしたのだが、それでもそのステップを降りてくることができない。

私は無意識のうちに、まごまごしているおばあの両脇の下に両腕を差し込んでよいしょと持ち上げ、バスから降ろして路上に立たせた。

おばあは目を丸くして笑っていた。

それから数日後、ある街の（おそらくかなり重大な規則違反なので、どこの街かは伏せておく）地下鉄のホームで、乗客の男性が線路にスマホを落とし、それを駅員のおっちゃんがマジックハンドで拾おうとしていたが、小さくて薄っぺらくてツルツルしているスマホは、そのマジックハンドで摑めない。

かなり長いあいだ駅員さんは格闘していたが、業を煮やし、マジックハンドを捨てると、電車の到着案内の電光掲示板を見た。そして、次の電車はしばらく来ないと判断したのだろう、とつぜん自ら線路に飛び降り、そのスマホを拾って、驚いている男性にホームの下から手渡した。

ところが、そのあと、ホームに登って戻ってくることができない。ホームに手をつき、何度もジャンプしているのだが、足が届かない。

私は反射的に走って近寄ると、ホームの端にしゃがみこみ、駅員のおっちゃんの両脇の下に両手を差し入れて、うりゃあ、と駅員さんを持ち上げ、ホームに引っぱり上げた。

一週間ぐらいのあいだに、二人のひとを抱きかかえ、ひとりは抱え下ろし、ひとりは抱え上げた。幸せな体験だった。

身体接触はもちろん、他人と身体の動きを同期させる程度のことにすら、ふつうは強い苦痛をともなうのだが、予期せぬかたちでふと他人の身体に触ってしまうことがあり、そしてとても不思議なことだが、それが強い肯定感や充足感をもたらすという経験が、ごくたまにだが、ある。


誰の本だかマンガだかブログだか、どこでいつ読んだかも忘れたが、高齢者が「病気でもないのに」医者に行くことの理由のひとつに、「触診で肌を触ってもらえるから」というのがあって、「病気でもないのに」というのはよくあるラベリングで現実と異なると思うが、それでも「高齢になってくると、医者でもいかないと、肌を直接触ってくれる他人がいなくなってくる」というのは、なるほどそういうものか、と思った。

昭和の子どもだったので、小学校のときに習字やらそろばんを習わされていたのだが、習字の先生が後ろから手をもって一緒に書いてくれるのが好きだった。いつも頭皮に鳥肌が立つほど気持ちよかった。もちろん性的なこととはまったく関係がない。ただ、他人からやさしく触ってもらえるということの、根源的な気持ち良さを感じていたのだ。

くり返すが、他人との接触は基本的には苦痛だ。しかしたまにそれが、とても心地よいものになることもあり、そのことをほんとうに不思議に思う。

中学校のときに市民プールで溺れかけたことがある。あっと気がついたらもう足のつかない深いところまで来ていて、泳げない私はパニックになり、必死に手足をばたつかせたところまでは覚えているが、あとは記憶がない。意識が戻ってみると、プールサイドで横になっていて、まわりには心配そうに私を見下ろす大勢の大人のひとたちの顔があった。

ライフセーバーのスタッフが助けてくれたそうだ。真夏の青い水の底に沈んでいく私の身体に手を差し伸べてくれたひとがいたのだ。それで私は、あの夏に死なずにすんだ。あのとき私は、泡が弾ける音だけがくぐもって聞こえる水の中で、誰だかわからない命の恩人から、「土偶と植木鉢」を手渡されたのだと思う。

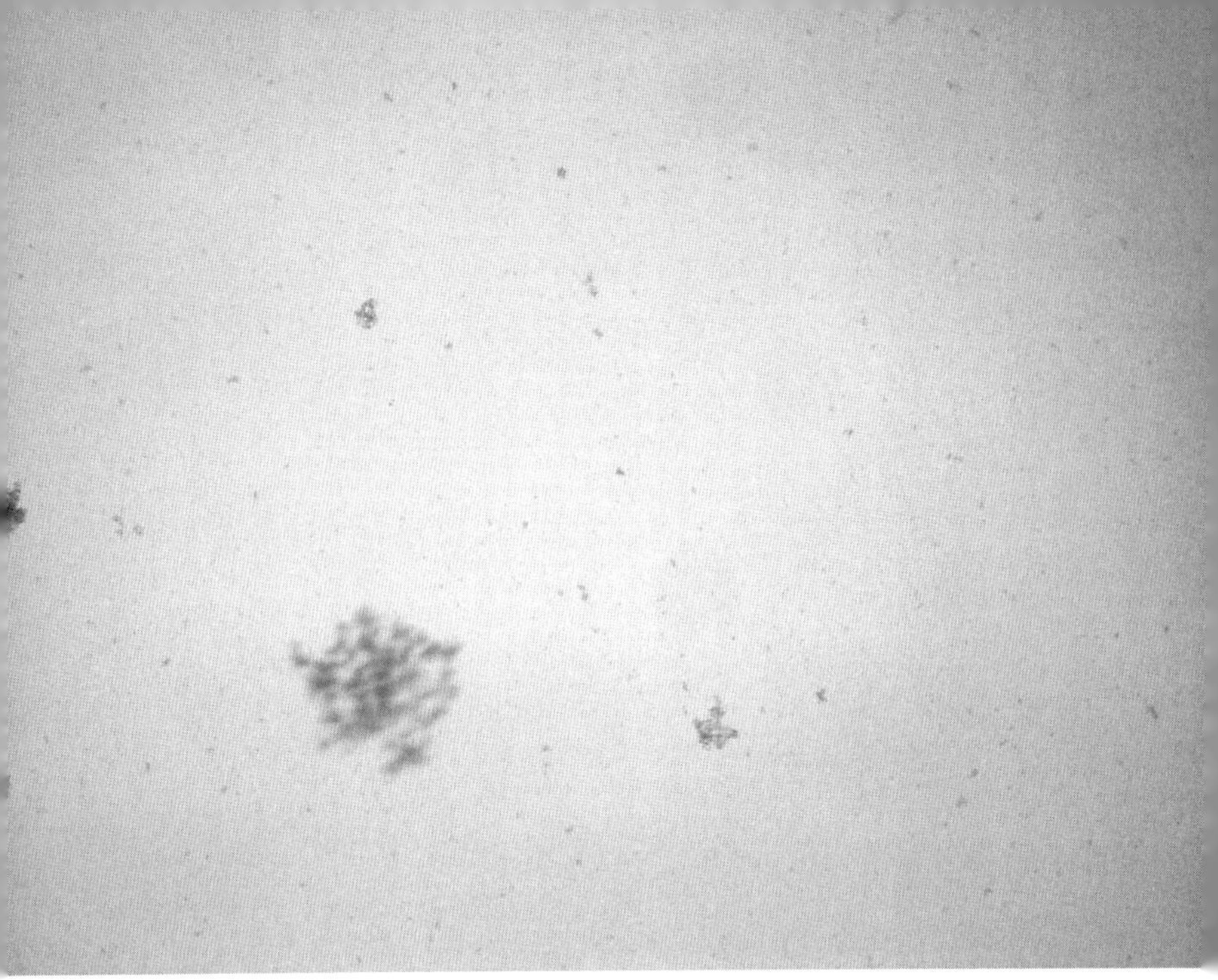

ユッカに流れる時間

ずっと前に、バスのなかから一瞬だけ見えた光景。倒産して閉鎖したガソリンスタンドに雨が降っている。事務所のなかの窓際に置かれた大きなユッカの木が、誰からも水をもらえず、茶色く立ち枯れている。ガラス一枚こちらでは強い雨が降っている。そのむこうで、ユッカは、乾涸《ひから》びて死んでいた。

数年前。ある団地で生活史の聞き取り調査をしていて、ひとりの年配の男性に出会ったことがある。

その男性は地方の貧困家庭に生まれ、さまざまないきさつを経て関西にたどり着き、

「下っ端」ではあるが暴力団の一員となり、競馬のノミ行為などで生計を立てていた。そのあと紆余曲折があり、聞き取り当時は引退してひっそりとひとりで暮らしていた。

人生についての話がある段階に来たとき、「ホンコン」という言葉を繰り返していた。どうやら刑務所のことを指しているようだった。私はそのとき、うかつにもなぜかホンコンという言葉が刑務所一般をあらわす隠語だと勝手に勘違いして、「どこのホンコンだったんですか」という間抜けな質問を何度もした。彼はそのたびに「いや香港や」「だから香港や」と繰り返し答えていた。

私はインタビューの途中で、突然了解した。「あっ、ホンコンって、香港の刑務所のことですか」「そうや」。彼につないでくれた自治会の関係者や、彼の近所の知り合いや、近しい友人でさえ知らなかったことらしいが、私のインタビューのなかで、彼は自分が覚醒剤の取引で香港の捜査機関のおとり捜査に引っかかり、そのまま現地の刑務所で十年間にわたって収監されていたことをはじめて明らかにしてくれたのである。

彼は香港の刑務所のなかのことについて、こと細かに教えてくれた。十ドルほど払えば女性の看守が体を触らせてくれた、ということも語った。収監中に脳梗塞《のうこうそく》をおこし、左半身に障害を残したまま、捨てられるように日本に送還され、そのままホームレス寸前の生活をしていた。現在では生活保護を受給し、小さな団地で暮らしている。

ヤクザとなって逮捕され、そのまま異国の刑務所で十年を過ごす、ということがどのようなことなのかを、ときおり思い出しては考えている。この十年という時間の長さは、どのようにすれば理解できるだろうか。時間の長さを理解する、ということは、どういうことだろうか。

私たちは孤独である。脳の中では、私たちは特に孤独だ。どんなに愛し合っている恋人でも、どんなに仲の良い友人でも、脳の中までは遊びにきてくれない。

数年前に話題になったマンガ（菅原そうた「アルバイト（BUTTON）」『みんなのトニオちゃん』所収）があった。ひとつのボタンを押すだけで百万円もらえる。ただし条件がある。ボタンを押すと、意識だけが別の空間に飛ばされる。そこは何もないただの空間で、そこで五億年のあいだたったひとりで生き続け、時間が過ぎるのをじっと待っていなければならないのである。五億年たったらこの世界の、まさにボタンを押した瞬間に戻ってくる。そしてそのとき、五億年間の記憶は完全に消去される。

つまり、自分からすれば、たんに「ボタンを押したら百万円もらえた」ということしか覚えてないのだが、その一瞬のあいだに、別の自分が、誰もいない、何もないただの「空間」で、五億年という時間を過ごさなければならないのだ。五億年経ってこの世界に戻ってきたときに記憶は消えるのだから、その間の「時間の長さ」は、戻ってきたときにはもう「無かったこと」になっている。そこで読者は選択を迫られる。戻ってきたときには五億年分の時間の記憶は消えている、ということを前提に、このボタンを押せるだろうか。

このマンガの面白いところは前半までで、後半は主人公が実際に五億年を過ごすところが描写されるのだが、そこは「長い長い孤独な時間の果てに、主人公が悟りを開く」ような展開になっていて、ありきたりで面白くない。しかし、前半の問いかけはたしかに迫力がある。私なら押さない。

あるいは、手塚治虫の『火の鳥』の「未来編」。主人公は火の鳥の力によって、自ら望んでもいないのに、永遠の生命を得てしまう。そして最終戦争で滅びたあとの世界で、たったひとりで何億年も生き続けなければならない。ロボットや人工生命を作ることでなんとか孤独を紛らわせようとするが、すべて失敗し、ついに最後にはコップ一杯のタンパク質の「スープ」を、名も無い無人の岬から海に注ぐ。数億年後、原初の生命が誕生し……。

その他、マンガ『コブラ』にも、すべての感覚を遮断されたまま数日間監禁されるという拷問がでてくる。古典的な映画『ジョニーは戦場へ行った』でも、（もっと深刻に）同じようなモチーフが使われている。

「時間の流れ」をテーマにした作品は他にもたくさんあるが、どれも共通することは、時間が流れることが苦痛であるということだ。むしろ私たちは、時間を意識しない状態を「楽しい」、時間を意識させられる状態を「苦しい」といって表現しているのかもしれない。

時間の流れを意識することがなぜ苦痛なのかはよくわからない。しかし、確かに、時間の長さを一秒ごとに意識しようとするときには、快楽よりは苦痛のほうが役に立つ。激しい痛みに耐えているときにもっとも明確に、自分がほかでもないこの自分であることを実感することができる。蛇口からゆっくりとしたたる一滴の水の粒の、ひとつひとつをすべて目で追うように、自分の痛みを「痛がる」ことができる。

苦痛を感じているとき、私はほんとうにこの私になることができる。そして一秒一秒ごとに、私がこの私であることを呪うことになる。

だが、むしろ苦痛だけではなく、そもそも身体的感覚というものを感じることそのものが、私が私に縛り付けられているということを、教えてくれる。

二十代のときにわずか四年間だけだが、日雇いの建築作業員をしていたことがある。もちろんそれまで肉体労働など無縁の生活で、そもそもスポーツなども一切したこともなく、当時は背ばかり高くてガリガリに痩せていた。大学を出たあと、いろいろあって、自分を追い込みたくなって、うまれてはじめてスポーツ新聞を買い、求人欄から解体や雑役の仕事を探し、近所の飯場に電話した。すぐに次の日から行くことになった。作業服屋というところにもはじめて入り、なるべく地味な作業服とニッカポッカと地下足袋《じかたび》と長靴を買った。

朝六時半に自転車で飯場まで行くと、すぐにワゴン車に乗るように言われ、そのまま何の説明もなく現場に連れていかれた。

あの朝、「肉体労働の現場にはじめて入っていく」ときに感じた胸躍るような恐怖を、いまでも覚えている。

建築現場だけでなく、遺跡の発掘現場でも長いこと働いた。もちろん調査員や研究員としてではなく、人力で土を掘る土方としてである。こういう仕事を何年か続けたあと、気がつけば、体格が様変わりしていた。

「岸和田市民病院」をはじめ、いろんな現場に行ったが、ある現場のことをよく記憶している。巨大な鉄工所の片隅で、設備の建て直しをしていたのだが、四十キロほどもあるセメントの袋を一日で数百も運ばされ、ぐったりして昼休みも何も食べられなかった。椅子にへたりこんだ私の横で、自称元ヤクザの現場監督が九州弁で、漢方薬の「救心」を粉々に砕いて女性器のなかに入れると締まりがよくなる、という話を延々と繰り返し喋っていた。広大な鉄工所のあちこちから水蒸気がすごい勢いで吹き出していて、摂氏二千度ぐらいあるので気をつけてください、と言われた。

肉体労働をやってみて思ったのは、これは体というよりも感覚を、あるいは時間を売る仕事だな、ということだった。決められた時間に現場に入り、単純な重労働を我慢してやっていれば、そのうち五時になって一日の仕事は終わる。その間、八時間なら八時間のあいだずっと、私という意識は、暑いという感覚、重いという感覚、疲れたという感覚を感じ続けることになる。現場監督に怒鳴られたり、あるいは逆に自分より新しく入った役立たずの新人を怒鳴ったりして、感情的な起伏を経験することもあるが、基本的には、仕事時間のあいだずっと、重い、とか、寒い、とか、辛い、という感覚を感じ続けるのである。

こうした「身体的な感覚を、一定時間のあいだ中ずっと感じ続けること」が、日雇いの肉体労働の本質だな、と、自分でやってみて思った。脳のなかで、意識のなかでずっと重い、寒い、痛い、辛いと感じ続けることが仕事なのだ。それを誰か他人に押し付けることはできない。そのかわりに金をもらうのである。

この「決められた時間のあいだ、ある感覚を感じ続けることに耐え、その引き換えにいくらかの金をもらう」ということは、セックス・ワーカーにも共通することかもしれない。こうした感覚は、もちろん純粋に苦痛であるだけではない。そこに快楽が生じる可能性さえあるだろう。だが、それにしても、それ相応の対価に値するものであることは間違いがない。そして、そのように考えると、肉体を売る仕事とは、感覚を売る仕事であり、そして、感覚を売る仕事とは、「その感覚を意識の内部で感じ続ける時間」を売る仕事でもあるかもしれない、と思う。

時間が流れることが苦痛である、ということを、より直接的に感じたのは、ある工場で流れ作業の仕事をしたときである。もうずいぶん前だが、大阪と京都のあいだにある巨大なビール工場で、八時間のあいだ、ベルトコンベアの前に座り、単純作業をした。目のまえに流れてくるビールの一リットル缶の六本詰め合わせセットの箱のなかの、いちばん左上にある缶のキャップのところに、オマケで付ける「ぴよぴよと音が鳴る注ぎ口」をシールで貼り付ける仕事である。

自分が座っている椅子の右後ろに、小さなビニール袋に入った大量のオマケの注ぎ口が積まれていて、六本セットの箱が上流から流れてきて自分のところに到着したら、オマケを一個取り、シールの裏紙をはがして、決められた位置にあるビールの缶のキャップ部分にそれを貼り付ける。

これが仕事の全てである。この動作を、何度かの短い休憩時間をはさみ、八時間続けた。一日しか続かなかった。給料はもらっていない。

苦痛をはじめとして、匂い、味、音、舌触りや手触りなどの感覚を感じるということは、ようするにこの私が時間の流れのなかにあることをふたたび（嫌でも）思い出させられるということである。たとえば、痛みというものは、その原因が取り除かれない限り、途中でなくなったり、別のものに変わったり、意志によってそれを操作できるようになったりしない。私たちは痛いとき、常にずっと痛いのである。痛みに耐えているとき、私の脳は、痛みとともにある。いやむしろ、痛みのなかにあり、痛みそのものである。私の脳が痛みを「感じている」という言い方にはどこか間違いがある。痛いとき、私たちは痛みを感じているのではなく、「ただ痛い」のである。

そして、痛みに耐えているとき、人は孤独である。どんなに愛し合っている恋人でも、どんなに仲の良い友人でも、私たちが感じている激しい痛みを脳から取り出して手渡しすることはできない。私たちの脳のなかにやってきて、それが感じている痛みを一緒になって感じてくれる人は、どこにもいないのである。

私たちは、他の誰かと肌を合わせてセックスしているときでも、相手の快感を感じることはできない。抱き合っているときでさえ、私たちは、ただそれぞれの感覚を感じているだけである。

真っ暗な夜の海に入っていくときの恐怖感。黒くて冷たい水が足もとから徐々に全身を浸していくときの感覚。何も見えない水のなかで、つまさきが何か柔らかいものに当たる。

私のなかに時間が流れる、ということは、私が何かの感覚を感じ続ける、ということである。たとえば、私のなかに十年という時間がすぎる、ということは、私が十年間ずっと、何かの感覚を感じ続ける、ということである。もちろんそれは、苦痛ばかりとは限らない。生きるということは、何かの感覚を感じ続けることである。

ある人に流れた十年間という時間を想像してみよう。それは、その人が十年間ずっと、何かの感覚を感じ続けているのだろう、と想像することである。私たちは、感覚自体を何ら共有することなく、私たちのなかに流れる時間と同じものが他の人びとのなかにも流れているということを、「単純な事実として」知っている。

生活史のインタビューでいつも感銘を受けるのは、目の前にいるほかでもない「このひと」のなかを、自分のものとは違う長い時間が流れてきた、という事実である。とくに「香港」のときには、ほんとうにつくづく、人というものに流れる時間について、そしてその時間の一秒一秒を「感じ続けること」について、考えさせられた。私たちは香港の刑務所で過ごした十年というものを、想像することはできるが、それと同じ長さの時間をそれとして実際に感じてみることはできない。目の前で訥々《とつとつ》と、淡々と語る男性の話を聞きながら、私はその十年という時間の長さになんとかして少しでも「近づく」ためにはどうすればいいのかを考えていた。

だがその十年は、当たり前の話を書いているようだが、よく考えれば私のなかにも流れていた。その男性がその十年を過ごしているころ、私にもまた同じ十年という時間が流れていた。この、ほんとうに当たり前のことに、インタビューがおわってこのことを何度も考えているうちに、ふと気付いたのである。

もちろん私たちはその十年という時間をまったく「共有」してないし、そのことで何かの感動があったわけでもない。そもそも私は、そんな当たり前のことを誰にも、語り手本人にも伝えていない。

しかし私は、彼の十年は私の十年でもあった、というただそれだけのことが、私と彼のあいだに、何かの「会話」を、言葉にも感情にもよらない無音の対話を成立させているような気がするのだ。

わずか一メートル先で雨が降っているのに、からからに乾いて死んでいったユッカの木。もともと渇きに強いはずのあの木が枯れるまでの時間は、とてもゆっくり流れていたことだろう。監禁されながら生き続けること、そしてゆっくりと死んでいくことには、どこか根源的な恐怖を感じる。

だが、時間が流れることは、苦痛であるだけではない。そうした、「ほかならぬこの『私』にだけ時間が流れること」という「構造」を、私たちは一切の感動も感情も抜きで、お互いに共有することができる。私たちはこのようにして、私たちのなかでそれぞれが孤独であること、そしてそこにそれぞれの時間が流れていること、そしてその時間こそが私たちなのであるということを、静かに分かち合うことができる。

誰にも知られない時間、というものがある。だが、私たちは、その「誰にも知られない時間」というものがある、という端的な事実を、おたがいに知っている。それを共有することはできないにしても。

夜行バスの電話

ある女性への、二〇〇七年ごろの聞き取り。大阪、梅田の小さなカラオケボックスで。長い長い聞き取りの、ほんの小さな断片。

――いまおいくつなんですか

三十です。今年三十になりました。七七年十二月生まれです。はい。

――お生まれは大阪、

いや、小倉です。(「小倉って、北九州?」)はい北九州です。いいえ、小倉ではないんですけど。ま、周辺。

そう、周辺っていってもやっぱりちょっと離れますね。ちょっと田舎になりますね。

大阪に出てきて、えっと今年で丸九年になりますね。（「ていうことはいくつぐらいで」）

二十一です。

――二十一まで小倉にいたの

高校卒業して、ＯＬを地元でしてました。えっと、デパートの事務員と、銀行員してました。（「銀行ってお金ええんちゃう？（笑）」）はい（笑）。

そうですね、親と住んでました。

――すいません御家族のこととか……根掘り葉掘り……

ええ、いいですよ。（「えっと、御両親」）はい。それに姉と弟がいます。

――なんでまた大阪に

あの、結婚を。大阪の人と。

ねるとんパーティー（出会い系のパーティー）みたいなのがあったんです。地元のほうで。で、たまたま、当日まで参加受け付けやってて、ヒマつぶしに来てたんです、その、旦那になる人が。

ホテルで開催してたんですよ。たまたま営業みたいなので、仕事で（彼が出張でそのホテルに）来て。そうそう、よく訪ねてきてたんですよ。小倉を、その周辺を。

——いいなあと思った？

あ、向こうにいちおう、いいなと思っていただいて。で、大阪の人っていうの知らなかったもんやから。で、ちょっと面白かったので、はい。

えっと、それがはたちぐらいです。（パーティーへは）友だちの付き合いで。一緒に行こうって。立食パーティーみたいな感じをしながら、司会者がいて……好きな方がいましたら、どんどんお声かけをして！って（笑）。

むかし、ねるとんっていう番組流行ってたじゃないですか。あのころにちょうど、その、十八、九、はたちぐらいだったので。あの、（番組が）終わってないころだと思います。やってたと思うんですよ。やってたか終わったかぐらいで。そうそう、（その）真似をしてやってたんですよ。ホテルのその部屋を借り切って。そういうのやってて。

——すぐ付き合うようになるんですか

そうですね。で一年ぐらい付き合って、はい。結婚したんですけれども。（結婚前は）小倉（と大阪）の、遠距離恋愛いう形で。相手は私より八つ上ですね。

——プロポーズとかいうのはあるんですか

あ、いちおう。結婚しようと。ずっと行き来してるんで、まあちょっとこう、どっちも大変だし。

やっぱり大阪の方って面白い方多いじゃないですか。個性的。やっぱり小倉の田舎に住んでるとちょっと違ったタイプがまた……。若いから単純に、ああ面白い人いうだけで付き合ってしまうというのがあるんです。あ、今までの人と違う、とか。

――田舎のせまい世界に住んでると、

せまい世界の中で、ちょっとなんかちょっと誰かと、みんなと違う人が現れたと。それで離婚してしまいましたので（笑）。一年で。

――あ、ほんと

はい。二十一で結婚したんですけども、一年で離婚したんです。

――結婚するとき、親御さんからの反対とかっていうのは、

あ、すごくありました。（親と）話をしてみてこれは、このままでは結婚できないと思って、退職届を出して、まあ一ヵ月ぐらいはいなきゃいけないじゃないですか。で結局一月ぐらいに出して三月ぐらいまでいたんです。その、二十一の。三月までいたんですけども、その二日後に駆け落ちいうかたちで出てきてしまいました。

いや、それは（これ以上の男性には地元では）出会えないと思って。このままでは。親にはね、でも、電話はいちおうしました。あの、夜行バスに乗る前に（笑）。

――すごい、映画みたい（笑）

バスに乗る前に、バッグひとつ片手に持って。荷物はもうずっと、送っていたんです。ちょっとずつ。怪しいと思われてたんですけど。ちょっとずつ送っていって。

――夜行バスの乗り場から電話して

そうそう、もうあたし家に帰らないから（笑）。

――あははは

ほんで、えー仕事はどうするのっていったら、実はもう退職をしてて（笑）。（「それも親は知らんかった？」）そうそう。えーっていうことになって。でもちゃんと連絡はするからとりあえず見逃してと言って出てって、一ヵ月半ぐらい親と連絡とらなかったんです。そう。それで、そう、で、すぐあの、入籍をしまして。

あの、いちおう、まあ会社の寮みたいなところに入ってて、お金を貯めながら家を引越ししようと言ってて、今の段階ではとりあえず、生活はみれるけれども、（新居を借りるための）保証金とかは持ってないから。

――寮に入った

そうですね、会社の。はい。専業主婦をしながら、ちょっとバイトをしてました。

――大阪に友だちや知りあいはいました？

あの、親戚がいるので……いや、ぜんぜんあの、やっぱり会ってなかったですね、その間は。そうですねあの、親と連絡とるまで、一ヵ月半は。まったく旦那以外の人と接触してないです。テレビが友だちで（笑）。

――結婚式とかは

してないです。（「まったく何もしてない？」）はい。

――何であかんかったんですか？

あの、飲む打つ買うっていうのがわかって。生活してるうちに。馬券とか、競艇とか。で、家にある程度お金は入れるんですけども、足らなくなったら出してくれっていう感じで。私に渡しておきながら、またくれと。この生活がちょっと、あの、結婚するまで見抜けなかった。

それで、この人と子どもを生んで、とか、生活できないと思って。まだ二十一だし、二十一、二だし、やり直しがきくと思って。子どもがいない間に別れようと思って。で、こつこつあの、バイトしてたんですよ。近くの、歩いて五分以内のところでバイトをしながら、ちょっとずつお金を貯めながら。出る準備を（笑）。あの、一年、途中で、住みだして半年ぐらいで、これはあかんと。で結局、別れるときになったときは保証金までもう貯めれないから、親戚のうちでお世話になっておりました（笑）。

――あ、大阪の親戚の家で？

ええ。なかなか判子をついてくれないから、大阪にいなきゃしょうがないし。

――すごいですね。（笑）。駆け落ちの準備を着々とすすめて駆け落ちしたあと、別れる準備をちゃんとして（笑）、ものすごしっかりしてますね

ふふふ（笑）。

で、すごくあの、干渉する人なんで。一日何回も家に電話してくる。家にいるのかって。

――バイトしてたんだよね

あ、だからその、バイトやってるのバレたら辞めさせられるんですよ。

――あ、旦那に黙ってこっそりバイトしてた？

うん、そうしないと、この人でお金は貯まらないと思ったから。でいつも辞めさせられるんですよ。そこにあの、若い男とかおったら、なんかその男となにかあるかもしれないと（笑）。で、そんなことは一切ないって言ってるのに、いや、明日で辞めてこいとか。そうそうそう。

だから、家にいてもね、しゃべり相手も欲しいし。バイトに行けば、お金もいただけるし、友だちもできるし。友だちいない状態で出てきてるから。それがどうも旦那

には気に入らなくて、「辞めてこい、若い男がおるんやろ」（笑）。若い男がおるところで働いたらダメと。

もうそのときから、バイトしてるのが見つかったときが、まあ言うたら喧嘩みたいな。なんでそんなことをこっそりやる、と。こっそりやらないと許してもらえないのわかってるから（笑）。こっそり、生活のためと思ってやってるのに。

――飲んで殴るとかそういうのは大丈夫だった？

あ、そういうのはないです。飲むのは飲むけども、殴ったりは。

――この後別れてから会うてはる？

別れてから、一ヵ月半後にその、判をついてもらう、それが最後です。（「じゃあ、もう今どこで何をしてるか」）そうですね。まあでも、地元がずっと大阪の人やから、ずっと大阪にはいると思う。（「どっかにはいるんだろうね」）どっかには（笑）。

別れたときが私が二十二で、相手がだから、三十、三十一ですね。

――籍を入れてから一年後に、また離婚届を
持っていきました。

あの、親戚のうちにいて、そっから、やっとこさ押してくれたということで。あの、連絡先もこちらは何も教えてない。（「ゴネました？」）もう一ヵ月半後にはあきらめて押してくれました。

それまでは実家にずっと電話があって。大阪にいるってなるとやっぱりあれなんで、実家に帰ってることにしてたんです。で、なんとかやり直しをやり直しをって言ってたんだけど。そう、もう一ヵ月半後にあきらめて判を押してくれました。

――すっごい意志が固いっていうか、すっごいはっきりしてるんやねえ（笑）

はい（笑）。もうこの人とは幸せになれない、と（笑）。

――それはその、やっぱりお金のことですね

そうですね。あの、このままたとえば結婚してずっと経ってたら、子どもも生まれることにもなるじゃないですか、先。今でたいへんやのに、子どもできたらもっと大変やんと思って。やり直しきくうちに。きっちり、すっぱりしようと。

――この後ずっと大阪

そうですね。家に帰ってもね、また仕事をするとなったら、職がないと思ったので。まあ、せっかく大阪に出てきたチャンス……。

もともと、東京に出ようと思ってたんです。実家に二年ぐらいおって、お金ためて、保証金ためて、東京か大阪に出ようと思ってた矢先に、旦那になる人と出会ったから、たまたま大阪になった（笑）。でせっかく大阪に出てきたので、どちらかに出るという夢は果たしたので、ここでひとつ、残ってなにかしようと思って。

――街に出たかったわけ？

とりあえず。人と変わったことしたいので。やっぱり田舎の人やと、親が反対するから家出れない人多いから。（田舎への）違和感というか、なんかまあ、ねえ、変わったことするにもやっぱり勇気いる場所じゃないですか。なんか、ちょっとねえ。……あんまり個性的なことするとね、やりにくい場所（笑）ですよね、田舎はね。

――別れた後は、

そうですね。働いてました。旅行会社です。旅行の営業です。大変でした。会社まわりとかさせられてたんで。

初めのうちは二十一、二でも、ツアーを取るっていっても説得力ないので、男の人の、主任さんとかやってるクラスの人の、アシスタントみたいな仕事。その人の補助を、雑用とかして。で、そっからまあ、一人立ちしていくという段階で。

もうあの、(叔母の家に)お世話になるいってもあたしも仕事をしないと、と思って。すぐに見つけました。

――これはけっこう長いこと続きました?

それは一年ですね。一年半か、まあ、二年ぐらい。

――えっと、叔母さんのところは一年で出るんですよね。で、一年で出て、でその後しばらく半年ぐらい、じゃあ、旅行会社の仕事を

そうですね。また新たに、別の人と住むんですけど(笑)。その間に。今住んでる、一緒に住んでる人と。

――あ、じゃあけっこう長いこと、いまの彼氏と

そうですね。二十二の終わりぐらいからだから、けっこうなりますね。

――これは、じゃあ叔母さんの家にいる間に、

いる間に出会いました。

あの、ぜんぜん趣味がなかったんですね、(別れた)旦那といる間に。で、趣味ないわと思ってたんだけど、もともと高校のときに野球部のマネージャーしてましたんで、大阪だったらタイガースの試合を見に行ける機会があると思って。

友だちになった人が、たまたま女の子の友だちで、そういうの見るのが好きだった子がいたんで。その子に連れていかれて見に行ったら、けっこう面白いと。
で、見に行ってる間に、そこにあの、また別のところで見に来てる人が、男の人が何人かおって、その中にいまの彼氏がいました。
――会場で出会ってるんですね
そうですね。ナンパされたというか、財布落としてしまって、どうしようと（笑）、一緒に探して……（笑）。
うまく探して（くれた）。そうそう、そんなこんなで、じゃあ一緒に見ませんかいうて。でそのあとまあ、試合終わったあとに、まあこっちの友だちとみんなでこう、飲みにというか、食事に行って。そこでまあ……
――テレビドラマみたいやなあ（笑）駆け落ちしたり（笑）
自分ではそんなつもりないんですけど（笑）、いや友だちにはあんたの人生自体が面白いって。ドラマチックですかね。
――これはその、叔母さんの家に行ってから、割とすぐぐらいに
そうですね、すぐぐらいに。で、ずっとまあ、おばちゃんの家にいながらお付き合いしてたんですけど……あの、一緒に住もう、という話になって。
で、あたしは、実は借金がありまして。その当時に。三百万（笑）。

――ええ、なんで

それで、それはまた、あの……十七、八の時にですね。今より二十キロぐらい太ってたんです。でそれのためにエステに行ってて。

十七、八、そうですね。高校卒業してすぐぐらいに、エステの方行ってまして（笑）。ちょっと悪徳商法じゃないけれども、ちょっとひっかかりまして（笑）。

いや、あの、きれいに痩せますんで。実際、スポーツジム行ったり、スイミングスクール行ったりしながら、実際まあ、すっきり痩せたんですけど（笑）。なんとかリバウンドなく痩せたんですけど。

そんなこんなしてるうちに、やりだしたら結構はまっちゃうんで。あれもこれもやってるうちに三百万借金できちゃったんです。

でー、その、実は、エステやってて、三百万（借金がある）と言ったらびっくりすると思うから、ちょっとだまってたんですけども。

――その別れた旦那は、それは知ってた？

いや、知らなかったんですよ。

でもあの、三百万で。まあでも、月々ボーナス払いとかしてる時に、自分がバイトしながらお金を入れたりしたので、全然滞《とどこお》りなく返してたんですよ。いまの彼氏と住みだした時に。（でも）このままでは、ちょっと三百万を（全額）返すのに、何年かかるやろ、そうですね。かなり大変だなって思って。

そこで、新聞とか雑誌とかよく読んでて。その風俗関係の仕事っていうのは、何となく知ってたんです。

で、そういう本を買うにも、あんまりよくわからないんで（笑）。スポーツ新聞で（笑）。スポーツ好きなんで。家であの、スポーツ新聞とか見てたんですよ。で、そこで。ここだったら、あの、いい人ばっかりだし、やっていけそうな気がするって。まあ、保険（をかけるような意味）で（他の店にも）面接行って、全部明日からでも来てくださいって、いただいてたんですけど。

最後に行った五軒めの人がいい人で。面接してくれた方も。当時、いまの私と同じ年の方が。三十のお姉さんが、店員さんでいて。私は、もう三十を目途にこの仕事あがって、ここのお店で店員してるんですけど、って。お仕事も教えていきますし（と言われた）。

上の人から、新人さんを育てて、また新しい感じで店やっていきたいのを言われてるから、あなたみたいにまったくこの仕事をしたことのない、うちの店も、ちょっと熟女系が多くなってるから（笑）ちょっと、がらっと店の雰囲気を変えたいというところで。あなたみたいな方が来たら、ぜったい取れと言われてたんで、あのー、できるかな、どうかなって感じはするんだけれども、できたら、明日から働いていただきたいって言われて。

ほかのお店の方も、あの大手の方とか、きっちりいろいろ説明してくれたんですけど。やっぱり、やったことのない仕事なんで不安だなって思ってるところに、最後に面接行ったとこのそこのお店の方が、すごい、あの、緊張をほぐしてくれたじゃないけど（笑）それであぁ、ここの店に決めようと思って。

――いまの彼氏は知ってるの、風俗

いや、知らないです。隠してやってるのに、しかも自分が思ってた二年どころか、一年以内で（借金を全額）返せたことに驚きました。

――もし借金なかったら、この仕事には入ってなかったと思う？

はい。やってないです。うん。

あの、男の人の気を惹くっていうのが、苦手な方やと思ってたから、ずっと……男の人の気持ちを、その、なんていうんやろ。自分の方に持ってくるとかそういうのは絶対、不得意な分野や思ってたから。絶対そういう仕事できるとは思わなかったから。借金がなかったら、たぶん普通に、OLしてたと思います。全然もう、自分ができない、難しい分野（風俗）に入ったと思ってるんで。

だから、意味はわからなくやってたんですけど。その中でも、その指名いうのが、はじめはわからなかったんですけど。その指名のお客さんっていうか、まあ、私を気に入ってきてくれるわけやけど、そんな人がおるもんかと（笑）。

――あはは（笑）

思って（笑）。

――いま貯金っていうのは彼氏には内緒になってるわけね？

内緒ですね。ばれたらえらいことですね（笑）。

――いい妻っていうか、甲斐性のある奥さんですよね（笑）

あ、甲斐性……風俗嬢って結局自分が社長みたいな感じでやるから、けっこう男性的な人多いと思うんですよ。だから言ったら、私はちゃんと彼氏が給料くれてるから、まあ表面上私が養ってもらってるっていうかたちになってると思うけど。

――同棲長いですよね。結婚にはならないんですか

結婚しようぃぅ話はあったんですけども。私が一回失敗してるんで（笑）。あの、私のほうがあんまり結婚する気がなくって。で、やっぱり風俗の仕事をしてる状態だし、これをきれいにすっぱりやめきってからじゃないと、やっぱり結婚はしないほうがいいかなと。

また、ね。結婚してね、風俗やってるやないかって、バツがもう一個増えてもいやなんで（笑）。バツは一個にしたいなって思ってるんで（笑）。

――彼氏から結婚しようっていう話は

あ、言われたことはあるんですけど、私が全く、あまり意思がないっていうのを伝えたんで。もう、もし結婚どうしてもしたい言うんやったら、ほかの人を選んでくれっていうとこまで話し合いしたことあるんです。

――そこまで言うたん？

うん。二十五の時にね。ま、でもね。だから別に、まあ夫婦みたいな感じですね。七年、八年ぐらいおるんで。ただ、紙切れに記載してないだけで（笑）。夫婦みたいなもの。だから、まあ言ったら、（しつこい）お客さんに、（自分に）旦那がいることにする設定も、ぜんぜんうそじゃないといったらうそじゃない。で、子どもいてもおかしく

ないですし（笑）。

――そういえば子どもは？

子どもは、作らないつもりはないんですけども。まだ。子どもは好きなんですけどね。

――子どもはかわいいよね

うん、かわいい。

（固有名詞や事実関係などは大幅に変更してあります）

普通であることへの意志

つい先日、とても奇妙で、とても素敵なブログを見つけた。

さすがに、個人がひっそりとやっているところなので、直接ここにURLを貼ることは控えるが、もう四年以上も続けられているそのブログは、かなり高齢のクロスドレッサー、つまり異性装者のもので、日記風の短い文章と一緒に、若い女性の服装で撮影した写真が並んでいる。

貼られているのはすべて、城跡や日本庭園など、いわゆる「名所旧跡」で、旅行中のポートレート風に撮られた写真か、もしくはどこかで撮影した自分の写真を、そうした場所に合成した写真である。

そして、ブログの記事は、そのほとんどが時事問題や身近な社会問題、あるいは芸能人の話題など、ニュース的なものに自分の思うコメントを付け足したものである。過激な政治的意見などはなく、どれも穏当なものばかりだ。

たとえば、天気の話や、洗濯をした話、布団のシーツを替えた話などの、身近な話題を淡々と語る。お正月のテレビ番組のくだらなさ、芸人たちのトークの低俗さにあきれる。国際的な舞台でがんばる日本代表を応援し、飲酒運転による事故のニュースを引用して、「お酒を飲むひとはほどほどに」と苦言を呈する。

あるいは、もっと大きな政治情勢や経済問題についても書いている。アメリカの独善的な中東政策を批判し、安倍首相による震災後の復興支援策がなかなか進まず、効果があがっていないことに憤《いきどお》りを感じている。私腹を肥やす政治家や非人間的な官僚を怒り、児童虐待死のニュースに心を痛めて「世の中狂っていますね」とため息をもらす。

そして、事故に巻き込まれた子どもの冥福を静かに祈り、昔飼っていた猫や犬の話を懐《なつ》かしそうに語る。好きな歌の歌詞を載せるときもある。

時事問題、事件や事故や災害の話、身近な話題、昔飼っていたペットの思い出の記事と、名所旧跡、歴史的建造物、見晴らしのよい場所、有名な建物、きれいな公園、美しいバラ園のまえで、OLや女子高生の姿で静かに微笑んで佇《たたず》むブログ作成者の写真とが、まったく違和感なく、そして何の説明もなく、ただ静かに並んでそこに置かれている。そして、その写真が記事のなかで一切言及されない、ということが、全体として、このブログを、なにか独特のものにしているのである。

これを見たとき、正直いって、私自身の先入観が覆《くつがえ》された。たとえば異性装者がその指向性を表現する場合、それについて言及するのが当たり前だと思っていたのだ。

よくあるいわゆる「オネエ言葉」を使っているわけでもない。異性装とはなにかについて熱く語ることもない。ただただ、ほんとうに普通の「ですます」調で、ほぼ毎日、天気やニュースや芸能のことについて書かれている。そこに、一枚か二枚、自らの写真が並べられている。文章も写真も、まるで夕凪《ゆうなぎ》の海のように、とても穏やかで静かで、豊かな感受性と優しいまなざしに満ちている。

ネットのなかのごく一部で、このブログはすでに話題になっていたようだが、その異性装の写真を嘲《あざけ》って笑うものもいるけれども、私はこのブログは、確かに全体としてとても奇妙で独特のものだが、同時にとても素敵なものだと思った。

簡単にいうと、こういうことだ。少数者というものは、いわば「ラベル」を貼られた存在である。このことについては誰もが知っていることだろう。だが、そのラベルが「貼られていない状態」を「実現」しようとすれば、どのようなかたちになるだろうか。

このブログは、まさにこのことを実際にやってみた、とても静かで個人的でささやかな、しかし同時にとても勇気ある「実験」の記録なのである。

これを理解するためには、まず「ラベル」について理解する必要がある。


マイノリティとか少数者とか当事者とか、言い方はいろいろあるが、多くのそういう方にお会いして、何度も聞き取りをしてきた。そういう存在について考えるということは、少数派である人びとについてだけではなく、むしろ、多数者、一般市民、あるいは「普通の人びと」について考えるということでもある。

私はおおまかにいって、そういうことについていろいろ取材をしたり考えたりしてきたのだが、これもありふれた言い方になってしまうのだけども、やっぱり「普通」というものはどこにも存在しないんだな、と思うようになった。

ただこれは、よく言われるように、「一見すると普通にみえる人びとにもさまざまな事情や状況があり、そういう意味ではその人びとも普通などではなく、それぞれに特別な存在である」ということだけではない。それはそれで真実ではあるが。

多数者とは何か、一般市民とは何かということを考えていて、いつも思うのは、それが「大きな構造のなかで、その存在を指し示せない／指し示されないようになっている」ということである。

マイノリティは、「在日コリアン」「沖縄人」「障害者」「ゲイ」であると、いつも指差され、ラベルを貼られ、名指しをされる。しかしマジョリティは、同じように「日本人」「ナイチャー」「健常者」「ヘテロ」であると指差され、ラベルを貼られ、名指しをされることはない。だから、「在日コリアン」の対義語としては、便宜的に「日本人」が持ってこられるけれども、そもそもこの二つは同じ平面に並んで存在しているのではない。一方には色がついている。これに対し、他方に異なる色がついているのではない。こちらには、そもそも「色というものがない」のだ。

一方に「在日コリアンという経験」があり、他方に「日本人という経験」があるのではない。一方に「在日コリアンという経験」があり、そして他方に、「そもそも民族というものについて何も経験せず、それについて考えることもない」人びとがいるのである。

そして、このことこそ、「普通である」ということなのだ。それについて何も経験せず、何も考えなくてよい人びとが、普通の人びとなのである。

学生を連れてよくミナミのニューハーフのショーパブに行く。だいたいいつも、女子学生が大喜びする。ああいう空間では、むしろ女性のほうが解放感を感じるようだ。あるとき、ショーの合間にお店のお姉さんが、女子学生が並んだテーブルで、あんたたち女はええな、すっぴんでTシャツ着てるだけで女やから。わたしらオカマは、これだけお化粧して飾り立てても、やっとオカマになれるだけやからな、と冗談を飛ばした。

私は、これこそ普通であるということだ、と思った。すっぴんでTシャツでも女でいることができる、ということ。

もちろん私たち男は、さらにその「どちらかの性である」という課題すら、免除されている。私たち男が思う存分「個人」としてふるまっているその横で、女性たちは「女でいる」。

さて、それでは、社会によって色をつけられラベルを貼られた存在が「普通になる」ということは、どのようにして可能だろうか。

実はそれこそ、さまざまな反差別運動の、ひとつの大きな目標であった。まずはじめに出てくる運動の目標は、ラベルを捨てて「無徴《むちょう》」になる、ということである。しかしこれは、自らの出自を否定して生きる、ということである。たとえば、被差別部落は、「そこで生まれた／そこに住んでいる」ということによる差別である。「では、みんなでそこから出ていって、そこの出身であることを隠して生きれば？」ということは、まずはじめに誰でも思いつくことだ。

しかし、自分の出身を隠してずっと生きる、ということは、それ自体でとても辛いことだし、そもそもそれ自体が、つねに「自分とは誰だろう」という問いを絶え間なく引き起こす契機になるだろう。いちど貼られたラベルを、簡単に剝がすことはできないのだ。

したがって、普通は、ラベルを貼られたまま、そのラベルの価値を転倒し、ラベルに誇りとプライドを抱く、というものになる。つまり、差別を乗り越える、ということは、ラベルについて「知らないふりをする」ということではなく、「ラベルとともに生きる」ということなのだ。

社会運動の話はこれぐらいにしておこう。肝心なことは、社会的に貼られたラベルを引きはがすことはとても難しい問題をいろいろと呼び起こすということである。そしてそれは、とても勇気のいることでもある。

ラベルを貼られるということがどういうことか理解するときに、ひとつの例があって、それは、「なにかを表現しようとしたときに、そのラベルが強調される」ということがある。たとえば、女性弁護士や女流作家のように、なにかの肩書きに伴って「女性」「女流」はよく使われるけれども、「男性」「男流」は使われない（そもそも「男流」はPCで変換されない）。女性の弁護士や政治家の話題がメディアで取り上げられるときは、かならずそれが「女性である」ということが強調されるのだ。

ここで、異性装が「通常のこと」になっている世界を想像してみよう。そこではおそらく、「異性装」という言葉すら存在しない。それは完全に当たり前の選択肢のひとつになっている。普通に個人として日記やブログやTwitterやFacebookで文章を書きながら、異性装の写真を同時に掲載することに、何の違和感も発生しない。

私は、個人的な思い込みかもしれないのだが、このブログは、極端な言い方をすれば、ひとつのユートピアを達成しようとする試みであるように感じた。

もし、異性装というものが普通の、当たり前のことである世界に異性装者のブログがあったとすれば、それはおそらくは、時事問題や日常的な話題について淡々と書きながら異性装の写真を載せる、というものになるだろう。もちろんそれがすべてではなく、もっと非常に多様なものになるだろうが、それはすくなくとも「ひとつの姿」でありうる。ラベルを付与されたものがほんとうに「無徴」になることは困難だ。だから、このブログも、「それについて言及しない」ということで、全体として、ちょっと他にあまりない感じにはなっている。しかしこれは、強い意志をもって「普通になろうとしたひと」の、静かな勇気と情熱によって作られている作品なのだ。

表現する側のラベルに言及されることなく、純粋な表現者として表現できるようになること。これが、ラベルを貼られたものが表現するときの、理想の状況だろう。

もちろんこれは、現実の社会運動がめざすべきこととはまったく異なる。なぜかというと、ラベルを完全に消去して忘却することは、とても難しいからだ。現実的にはやはり、ラベルを引き受け、それとともに生きていくしかない。

しかしこのブログは、この社会のなかでひとりの異性装者が試みた、ささやかな夢の実現なのだ。ここには、異性装との出会いの語りや、アイデンティティの称揚、抑圧的な社会への批判、そういうものが一切ない。彼女は誰とも、何とも闘ってはいない。そうした闘いを飛び越えて、最初からそういうしんどい闘いが存在していなかった世界を、自分だけの小さな箱庭で実現しているのである。

誰も、誰からも指をさされない、穏やかで平和な世界。自分が誰であるかを完全に忘却したまま、自由に表現できる世界。それは、私たちの社会が見る夢である。

祝祭とためらい

連れあいが大学生のときに、大学前のにぎやかな学生街で、一人暮らしをしていた。その夏、彼女は実家に帰らず、大阪に残ってアルバイトをしていた。ある夜おそく、コンビニで買い物をしていると、こちらをじっと見てくる、同じような大学生っぽい男子がいた。コンビニを出ると、後を付いてくる。学生がたくさん住む、人通りの多い街だったが、さすがに夜遅かったので、彼女はまっすぐ家に帰らずに、反対方向に歩いていった。その男子はずっと後を付いてくる。

彼女はバイトしていた音楽スタジオに入って、しばらくバイト仲間とおしゃべりをしていた。時間をやりすごそうと思ったのだが、外に出ると、男子がまだ店の外で待っていて、また後を付いてきた。さんざん歩き回っても、どこまでも付いてくる。彼女はふりかえって、なにか用ですか、と聞いた。

みんな実家に帰って、誰もいないので、さみしくて、友だちになりたいと思って。

男子がもごもごとつぶやいた答えに彼女は激怒して、後付けて来たら、怖いに決まってるやろ、と叫んだ。すると男子は、口を尖《とが》らせて、友だちになりたかっただけやのに、と吐き捨てると、とつぜんくるりと振り返ってすたすたと歩いてどこかへ行ってしまった。

あとには彼女だけが残された。


もっと違う出会い方をしていれば友だちになれたかもしれない、とも思うし、そういう出会い方しかできないから友だちができないんだよ、とも思うが、私はどちらかというと、若いときにこういう孤独感を自分でも持て余していたので、この男子の気持ちもわからないでもない。しかしやっぱり、自分から女の子を恐がらせるようなことをしておいて、それで怒られると、まるで自分だけが傷ついたような逆ギレのしかたをして、ほんとうにバカだなあ、と思う。そして、怖いと思ったときにちゃんと怒ることができた連れあいは、ほんとうに偉かったなと思う。

その話をしていたときに、彼女がさらに話したのは、四十歳を過ぎたいまでも相当な人見知りなのだが、若いころは他人のことがとても怖くて、無意識のうちにまわりに、特に男性に、近寄ってこないでください、話しかけないでくださいという雰囲気を出していたそうだ。そしてそれがどうなったかというと、そういう空気を察知できるひとは近寄ってこなくなり、かわりに、そういうことがまったくわからない無神経なひとばかり寄ってくるようになった、ということだった。

もちろん、この話はかなり誇張されているだろうし、近寄ってきたひとのなかには、いまから考えたらもうすこし話をすればよかったと思うひともいるらしいのだが、それにしても、壁を乗り越えて他人とつながるのは、ほんとうに難しい。下手をすればそれは、男性から女性への暴力でしかない。

人類学者の小川さやかが書いた本『都市を生きぬくための狡知――タンザニアの零細商人マチンガの民族誌』（世界思想社、二〇一一）は、ほんとうに衝撃的だった。小川は、タンザニアの都市部で漂泊する、路上の物売りの世界に飛び込み、その仲間に入って、そしてついに自分でもひとりの行商人となってしまう。タンザニアの路上で古着を売る若い日本人の女性は、さぞ現地でも目立っていたことだろう。

小川自身のフィールドワークにおける「入り込み方」も興味深いが、そこで描かれている「マチンガ」（路上の零細《れいさい》な行商人たち）の世界は、ほんとうに面白い。そこでは生身の、人間と人間のあいだでの取引がおこなわれていて、それを規制する「外部の権力」はほとんど存在しない。だから、ここでは、さまざまな機知や機転、あるいは「狡賢《ずるがしこ》さ」がものを言う。路上の人びとは、客とのあいだだけではなく、お互いでさえも、だましあい、ごまかし、言葉で煙《けむ》に巻き、自分の利益を最大化しようとする。

しかし、もっとも面白いのは、このマチンガたちの世界が、お互いのお互いに対する闘争や裏切りによって内部から崩壊せず、最低限の相互の信頼関係を維持し、なんとかうまく「回っている」ということだ。私たちは、警察や軍隊のような、外部の強制力がないと、モラルや秩序は崩壊してしまうと思い込んでいる。ところが、そうした強制力のないところで、マチンガたちはお互いだましあいながら生きているのだが、そこには最低限の信頼や信用が存在しているのだ。この本を読むと、つくづく、「社会」というものは、たくさんの「良くないもの」を含みながらも、それでも成り立って「しまう」ものなのだと思う。強制力のないところには殺し合いしかない、と思い込んでいる私たちにとって、それはとても痛快な「解毒剤」になる。

私たちは、なにか怖いこと、嫌なことがあると、すぐに先生に密告したり、警察に通報したりする。でも、たとえば電車や路上で騒いでいるひとたちは、自分たちで盛り上がって周りのことを忘れてしまっているだけのことも多い。なるべく笑顔で、すみませんが静かにしてもらえませんか、とお願いすると、たいていの場合は、むこうも笑顔で、ああごめんなさい、うっかりしてましたと言ってもらえる。

特にネットの世界を見ていると、ほんとうに私たちは、「他者」が怖いんだなと思う。そこにはいわれのない、根拠のない恐怖が充満していて、その反動で、陰湿で病的な憎悪がはびこっている。

いつも思い出すのは、小川さやかが描いた、他者との「祝祭的」とでもいうべき、幸福な出会いだ。もちろん、長年にわたるフィールドワークの過程において、ほんとうにいやなことや、身の危険を感じたこともたくさんあっただろうけど、小川が（実に楽しそうに）描くのは、まるでお祭りのような賑《にぎ》やかな路上の世界での、さまざまに行き交う人びととの出会いである。

だが、同時に他方で、私は、連れあいから聞いたエピソードを思い出す。それは単に、不幸な出会い方をした、というだけではなく、はっきりとした恐怖をともなう、暴力的な体験だった。そういうことがあるのだ。

出会いは、暴力でもありうる。


私は、ある雑誌で（『atプラス』二十三号、太田出版、二〇一五）、小川さやかの本と、ヤン・ヨンヒの映画『かぞくのくに』を対比させて論じたことがある。この二つの作品は、ほんとうにどちらも大切なことを言っているのだが、まったく正反対である。

ヤン・ヨンヒ監督の映画『かぞくのくに』（二〇一二）は、「帰国事業」で北朝鮮に帰った在日コリアンの男性と、日本に残った家族との、二十五年ぶりの出会いを描いた作品である。在日コリアンの状況や、戦後の日本社会のありかたを照らし出しながらも、この映画は、あくまでもひとつの家族の、小さな、ささやかな日常をじっくりと描写する。

一九九七年の夏。物語の主人公は、東京の下町に家族と暮らす、在日コリアンの若い女性、リエである。喫茶店を営む両親とともに実家で生活する彼女の兄ソンホは、一九七二年ごろ、十六歳で北朝鮮に「帰国」している。

脳の手術のために、実に二十五年ぶりに兄が日本へと帰ってくるところから話がはじまる。手持ちのブレがちなカメラで、ストーリーはゆっくりと進む。舞台となる実家と、その一階にある喫茶店は、古くて、すこし汚くて、生活感がある。この喫茶店や実家の生活感こそ、ヤン監督がまず何よりも表現したかったことだろう。それは「ここにひとが生きている」ということの、視覚的表現である。ここに映っているのは、民族や人種というカテゴリーではなく、それぞれ一人ひとりが生きている「ひと」である、ということを、私たちに直接訴えかける。

淡々と、静かに、ひさしぶりに再会した家族の日々が綴られ、そして映画はとつぜん、きわめて不条理で理不尽な終わり方をする。私たちはあっけにとられ、スクリーンのこちら側に取り残される。

この作品でヤン監督が描こうとしたのは、他者との出会いではなく、いわば「他者であること」そのものである。この映画には良心的な日本人との幸福な出会いは一切出てこない。それどころか、そもそも日本人さえほとんど出てこない。ただ、四人の家族を中心に、在日の日常と現実が描かれる。

私は、この映画が『パッチギ！』のような、素晴らしい出会いの物語として「描かれなかった」ことを、よく思い出しては考える（『パッチギ！』もほんとうに好きな、良い映画だが）。

私は、在日や部落や沖縄の人びとに対して、あるいは女性や障害者に対して、はっきりとマジョリティの立場に立っている。しかし、そうした存在についてよく知りたいと、ささやかではあるが勉強してきたし、仕事やプライベートで、そういう人びととのつながりもしだいに増えてきた。

だが、根本的なところで、やはり私はマジョリティでしかない。

学生たちにそういう問題について教えるときにいつも、どうしたらいいだろうと考える。私は、基本的には、マジョリティの学生たちにも、こうした問題について知ってほしいし、できればそうした立場にいる人びとと直接出会ってほしい。しかし、そうした出会いは、ときとして暴力にもなりうる。

授業で鶴橋や沖縄や釜ヶ崎に学生を連れていく。あるとき、他の大学で教員をしている友人に頼まれ、彼のゼミ生を釜ヶ崎に案内したことがある。たまたま、五名ほどのゼミ生はみんな女性だったので、少し迷ったが、大事な勉強なので連れていった。

いろいろと気を使ったつもりだったが、やはり時には、路上で酔っぱらったおっちゃんからヤジが飛ぶこともある。そのときもそういうことがあり、ほとんどの学生は理解してくれたが、ひとりだけ、釜ヶ崎に対して「怖い」というイメージを持ってしまった。なんとか説明して、路上で生きるおっちゃんたちのしんどさを、わかってもらったとは思うが、それにしても、ほんとうにこういうときどうしていいかわからない。

女子学生からみれば、いかに路上生活者であっても、それは「おじさん」であり、「怖い男性」である。そういう存在に対して、距離を置いてしまうことは、それはそれでほんとうに理解できることだ。しかしまた同時に、「見に来られた」おっちゃんのほうも、つらかっただろうと思う。わしらは見せもんとちゃうで、と、言えれば言いたかったに違いない。あれから私は、女子学生を釜ヶ崎に連れていくときは、八月の夏祭りなどのときに限定している（文字通り「祝祭」である）。

壁を越えることが、いろいろな意味で暴力になりうることを、私はもっと真剣に考えるべきだった。しかしまた、壁を越えなければ、あの女子学生もふくめて、私たちは、私たちを守る壁の外側で暮らす人びとと、永遠に出会わないまま生きていくことになってしまう。ほんとうに、いまだにどうしていいかわからない。

私たちマジョリティは、「国家」をはじめとした、さまざまな防壁によって守られているために、壁について考える必要がない。壁が目に見えなくなるほど壁によって庇護されている。たとえば、私たちは、国家によって家族や仲間から引き裂かれたことがないからこそ、それらを国家と切り離して考えることが許されている。さまざまな「特権」によって、私たちのもっとも個人的で内密な生活が可能になっているのである。もちろんそこには、個人的な悩みや苦しみが限りなく存在するが、マジョリティはそれらを、あくまでも個人的な問題として悩み、苦しむ「ことができる」。

そんな、壁によって守られ、「個人」として生きることが可能になっている私たちの心は、壁の外の他者に対するいわれのない恐怖によって支配されている。確実に、私たちの心の奥底には、他者にたいする怯《おび》えがある。そして、この不安や恐怖や怯えは、きわめて容易《たやす》く、他者にたいする攻撃へと変わる。

だから、この社会にどうしても必要なのは、他者と出会うことの喜びを分かち合うことである。こう書くと、いかにもきれいごとで、どうしようもなく青臭いと思われるかもしれない。しかし私たちの社会は、すでにそうした冷笑的な態度が何も意味を持たないような、そうしているうちに手遅れになってしまうような、そんなところにまできている。異なる存在とともに生きることの、そのままの価値を素朴に肯定することが、どうしても必要な状況なのである。

しかし、また同時に、私たちは「他者であること」に対して、そこを土足で荒らすことなく、一歩手前でふみとどまり、立ちすくむ感受性も、どうしても必要なのだ。ヤン・ヨンヒの、内省的で暗鬱《あんうつ》な、重苦しい作品は、安易な出会いや対話に対して私たちが抱く都合のよい期待を一切寄せつけない。繰り返すが、この作品に「良心的な日本人」が出てこない、という点は、些末なことのようで非常に重要なことだと思う。すくなくともこの作品によってヤン・ヨンヒは、そこに私たちが容易に踏み込めないような、ある「痛切なもの」を描いている。

どちらが大切ということではない。私たちには、どちらも欠けているのである。

自分を差し出す

小さなときは本ばかり読んでいて、その登場人物になりきって空想ばかりしていた。小四か小五ぐらいのころに映画『スターウォーズ』が公開され、すぐに夢中になり、こづかいがなかったので二回ぐらいしか映画館では観ていないが、同時に出版されたノベライズされた本を、紙がボロボロになるまで何度も読んだ。たしか初版ではフォースは「理力」ではなく「力場」と訳されていたと記憶している。他にもSFやホラー、あるいは古典的な児童文学や物語をむさぼるように読んでいた。

そのうちに、いろいろな小説に出てくる主人公や、銀河を飛び回って活躍するルーク・スカイウォーカーたちと、自分との違いが苦痛になってきた。若いルークも身の回りのいろいろなことに深刻に悩む。でもそれは、会ったことのない自分の両親のことだったり、育ててくれた叔父や叔母との関係のことだったり、タトゥイーンという辺境の故郷から出ていくか残るか、ということだったりする。それは確かに悩むに値することである。

でもそのときに、それを読んでいる私自身の心を実際に占めていたのは、好きな友だちが自分の嫌いなやつと仲よくしていることだったり、わけのわからない理由で隣のクラスのやつから意地悪をされることだったり、いま思い出してもむかむかするような最悪の教師からの理不尽な要求だったり、あるいはどうやって対処したらよいかまったく理解できないような性的な欲求だったりした。

小説や映画の登場人物たちは、悩むに値する立派な悩みを悩んでいた。あるいは、全力で対処する価値のある人生の一大事に、真面目に立ち向かっていた。

自分の街が宇宙人に襲われて、いままさに焼き払われようとしている。主人公は自らを犠牲にして英雄的に立ち向かう。

一方そのころ、小学生の私は、クラスの全員が同じことをさせられることがどうしても苦痛で体育の授業をサボったことを帰りの会で糾弾《きゅうだん》され、クラスを敵にまわして口喧嘩をしているうちに自分も感情的になってボロ泣きしてしまう、といった、ほんとうに情けない、かっこわるい毎日を過ごしていた。

そういう自分の中身の、がらくたのような、でもどうしても頭から追い払うことができない、ほんとうにくだらない感情の動きに自分自身が振り回され、疲れきっていた。家で飼っていた犬と仲よく遊んでいるときだけが、心からホッとできる時間だった。こんなに情けなくてみっともない自分と比べると、ルーク・スカイウォーカーのかっこいい悩みや苦しみが、ほんとうにうらやましくて、悔《くや》しかった。

もちろん、こういう小説や映画がいろんな意味で「フィクション」で、だからその主人公の「人間っぽいところ」がすべて捨象され、不自然なほど「かっこいい内面」になっているということは、すでにわかっていた。

しかし、かといって、たとえばそういう人間の「実存的」なみっともなさが書いてある、純文学とか私小説とかよばれるものを読んでみても、どこかネチネチくよくよしていて気持ち悪かったし、だいたい宇宙人やタイムマシンが出てこない話を読んでどこが面白いかまったく理解できなかったから、すぐに読むのをやめてしまった。だから、いまだに純粋な文学の知識と教養がまったくない。

四十代も後半になったいまでも、何も変わらない。

自分のなかには何が入っているのだろう、と思ってのぞきこんでみても、自分のなかには何も、たいしたものは入っていない。ただそこには、いままでの人生でかきあつめてきた断片的ながらくたが、それぞれつながりも必然性も、あるいは意味さえもなく、静かに転がっているだけだ。

私自身の性格や他人との接し方も、私のなかにもとからあったものではない。それは、身の回りのいろいろな人びとの癖や喋り方を模倣して組み合わせたものにすぎない。中学校のときのFくん、高校のときのYくんやNくん、そして誰よりも、大学で出会ったGくんやDちゃんの、独特のリズムやテンポ、話題やネタ、表情や抑揚《よくよう》を、なかば無意識のうちに真似をし、その「文法」を体得し、自分なりに編集して、やがて自分のなかに沈殿して定着していったものが、結果としていまの私になっている。

誰でも同じだと思うが、私の人格もまた、他人のいくつかの人格の模倣から合成されたものなのである。

ここには、「かけがえのないもの」や、「世界でたったひとつのもの」など、どこにもない。ただ、ほんとうに小さな欠片のような断片的なものたちが、ただ脈絡もなく置いてあるだけなのである。

これもまた多くのひとが同じことを思っているだろうが、かけがえのない自分とか、そういうきれいごとを聞いたときに反射的に嫌悪感を抱いてしまうのは、そもそも自分自身というものが、ほんとうにくだらない、たいしたことのない、何も特別な価値などないようなものであることを、これまでの人生のなかで嫌というほど思い知っているからかもしれない。

何も特別な価値のない自分というものと、ずっと付き合って生きていかなければならないのである。

かけがえのない自分、というきれいごとを歌った歌よりも、くだらない自分というものと何とか折り合いをつけなければならないよ、それが人生だよ、という歌がもしあれば、ぜひ聞いてみたい。

ただ、私たちの人生がくだらないからこそ、できることがある。

ずっと前に、ネットで見かけた短い文章に感嘆したことがある。こう問いかける書き込みがあった。カネより大事なものはない。あれば教えてほしい。これに対し、こう答えたものがいた。カネより大事なものがないんだったら、それで何も買えないだろ。

おお、これが「論破」というものか、と思った。

私たちの人生が、もし何よりも大切な、かけがえのないものであるならば、それを捨てることができなくなる。人生を捨てるものがひとりもいない世界というものは、どのような世界かというと、それは、学校を卒業したものが全員、安定した地位をめざして公務員試験を受ける世界である。公務員の方がたにはとても失礼な言い草であるが。

ずっと前に、こういうことがあった。ある男子学生が、大学を辞めたいという。私の大学では、中退するときは、そのまえに教員に相談することになっている（この規則にどれだけの意味があるかはわからない）。事務から連絡があり、私が彼の相談を聞くことになった。

彼はとても真面目な、寡黙な、大人しいタイプで、人前に出るよりも、どこかしらいつも一歩引いている感じの学生だった。

せっかく大学に入ったのに、なんで中退するの？　もったいないよ。そう聞くと、彼はこう答えた。ぼくはアメリカでロックスターになるんです。そのためにギターを練習したいんです。そのためにアメリカのハリウッドにある、音楽の専門学校に入りたい。そのためには英語の勉強をしなければならない。だから、英会話教室に通いたい。そのためにバイトしなければいけないんです。

その大人しい見かけと、その過激な（そして雄大な）主張のギャップを笑うことはたやすい。しかし私は、心から彼を応援したいと思った。音楽の才能は外見とは無関係で、だから彼がその言葉通りの道を歩む可能性がまったくゼロではないからだ。

彼の選択は、普通の感覚でいえば、とてつもなく不利な選択だ。私ももちろん、ひとりの教員として、いまの日本で大学からドロップアウトすることがいかに不利になるかということをじっくりと説明した。しかし彼の決心は変わらなかった。そして彼は、彼だけでなく私たちみんなは、そのような選択をする自由がある。

彼は確かに、何ものかになろうとした。あまり友だちが多そうにも見えなかったし、おそらく大学生活に何も楽しみを見出せず、こんなところやめてやる、やめて、どこかまったく別のところで、もっとマシな自分になってやると思ったのだろう。

何ものかになろうとすることは、確かに簡単なことではない。その可能性は限りなくゼロに近い。しかし、どんなにそれがごくわずかでも、そもそも何ものかになろうとしなければ、何ものかになることはできない。何ものかになれるかどうかは、なろうとしたときにはまだ決定されていない。なろうとするまえに、なれるかどうかを知ることはできない。それは賭けである。

賭けに勝ったとき手に入れるのは「何ものかになれた人生」である。そして負けたときに差し出すのは、「何ものにもなれなかった人生」そのものである。

もしこのとき、人生そのものが、とてつもなく素晴らしい、このうえなく価値のある、ほんとうにかけがえのないものだったら、どうなるだろう。誰もそれを、自ら捨てようとはしないだろう。

繰り返すが、ここで私は、誰もが自己実現の可能性があるとか、誰もが夢をかなえることができるということを述べているのでは、まったくない。

むしろ、私たちの人生は、何度も書いているように、何にもなれずにただ時間だけが過ぎていくような、そういう人生である。私たちのほとんどは、裏切られた人生を生きている。私たちの自己というものは、その大半が、「こんなはずじゃなかった」自己である。

まともに考えたら、無難な人生、安定した人生が、いちばん良いに決まっている。だから、そういう道を選ぶのは、良い選択である。しかし、負けたときに自分自身を差し出すような賭けをする人びともたくさんいて、それはそれで、ひとつの選択である。

どちらが良い、と言っているのではない。ただ私たちは、自分自身の意思や意図を超えて、ときにそういう賭けをすることがある。

大学を出て、それまで生きてきた世界とまったく違うところに行きたくて、日雇いの建築現場の世界に飛び込んだ。はじめて飯場に行ったときの恐怖と緊張を、まだよく覚えている。それまで暮してきた、見慣れた安全な世界からむりやり引きはがされるような胸の痛みをおぼえた。もう後に戻れないのだ、ここまで来たら、少なくとも今日いちにちだけは、この荒っぽいひとたちと、この汚くて危ない場所で、つらい仕事をして時間を過ごさなければならないということを、恐ろしいほど実感した。それはまるで、暗く冷たい海の底に引きずり込まれるような感覚だった。

そして同時に、おかしな話だが、とてつもない自由を感じた。結局私は、その日雇いの現場労働を、それから四年間もすることになったのである。それは、その道で生きている人びとからすれば、ほんのわずかな時間でしかないが、それでもその経験は、私の人生を変えてしまった。

この話はこれで終わりなのだが、ひとつだけ、補足ということでもないし、これを言ったからといってなにかが誰かの救いになるということもまったくないのだが、ひとつだけ書きたいことがある。

「良い社会」というものを測る基準はたくさんあるだろうが、そのうちのひとつに、「文化生産が盛んな社会」というものがあることは、間違いないだろう。音楽、文学、映画、マンガ、いろいろなジャンルで、すさまじい作品を産出する「天才」が多い社会は、それが少ない社会よりも、良い社会に違いない。

さて、「天才」がたくさん生まれる社会とは、どのような社会だろうか。それは、自らの人生を差し出すものがとてつもなく多い社会である。

ひとりの手塚治虫は、何百万人もの、安定した確実な道を捨ててマンガの世界に自分の人生を捧げるものがいて、はじめて生まれるのである。

だから、人生を捨ててなにかに賭けるものが多ければ多いほど、そのなかから「天才」が生まれる確率は高くなる。

もちろん、だからといって、そこで敗退していく数百万人の人生に、なにか意味があると言いたいわけではない。負けてしまったら何も手に入らないのが人生というものである。だから、もし私たちが自分の人生を捨てて、それでも何ものにもなれなかったときに、それはたったひとりの「天才」を生み出すために必要だったんだよと言われても、とうてい理解や納得はできないだろう。

だが、いつも私の頭の片隅にあるのは、私たちの無意味な人生が、自分にはまったく知りえないどこか遠い、高いところで、誰かにとって意味があるのかもしれない、ということだ。

ときどきゼミで、依存症や嗜癖《しへき》、あるいは、マルチ商法やカルト宗教のことが問題になる。そういうときにいつも学生に聞く。仲のよい友だちが、病的なほどパチンコにはまってしまったらどうしたらいいだろう。親友や恋人が、いかにも怪しげなカルト宗教に入ってしまったら？

社会問題に興味を持ってゼミに入ってくるような学生でも、仲のよい相手に対しては、何も言わない、というものがほとんどだ。本人がよければそれでいいんじゃないですか。私たちの、「相手の心に踏み込まない」というマナーは、とても強力に作動している。

ただ、実際には、同じゼミ生の女子でＤＶ男と別れられないやつをみんなで寄ってたかって別れるよう説得したり、わりとけっこう、おたがいおせっかいを焼いているようだが。

それにしても、この、相手の心や意思を尊重すること、相手の領域に踏み込まないことという規範は、ほんとうに強く私たちの行動を規制している。電車のなかで困っているひとを咄嗟《とっさ》に助けられるか、という話をしているときでも、いちばん多いのが「下手に手を出して相手に迷惑をかけたらいけないので、まずは黙って様子をみる」という意見だ。これも、目の前にいるひとに介入しない、という規範のバリエーションのひとつだと思う。

私たちは、遠いひとたちに冷酷で、近いひとたちに弱い。自分から遠いところにいる、見知らぬホームレスが公園に寝てると、ああ恐いなと思い、顔も知らない外国人が生活保護を受給していると聞くと、なんとなく損した気持ちを抱いてしまう。そして、近いところにいる親友や家族が、悪いものに手を出したり、愚かな選択をし続けていても、なかなかそれを止めることができない。「本人がよければそれでよい」とか何とか、いろいろ理屈をつけて、近くにいる愚かなひとたちに優しくしてしまう。近いひとたちに優しくすることはとても簡単だ。ただ、それは、単に面倒なことから逃げているだけのことが多いのだが。

「本人がよければそれでよい」というのは、ひとつのやさしさだ。私たちも、私たちがよいと思っていることについて、いらないことを言われたくない。

だが、「本人がよければそれでよい」「本人の意思を尊重する」という論理が、その当人を食いものにするときに使われることがある。

何年か前、摂食障害について勉強しているときに、いろんな学会やイベントで、会場のロビーに似非《えせ》医学の業者のブースが大量にあるのを見て驚いたことがある。ある業者は、百万円もするオルゴールを会場で売っていた。それを聴くと過食症も拒食症も治るのだそうだ。シンポジウムの運営委員会には、自由診療や混合診療を強く訴える医者も参加していた。

ほとんどは本人ではなく親が目当てで、当事者はひどくなると仕事もできないから、自分の娘を心配する親に対して売り込んでいた。それで娘の気がすむなら、百万ぐらいなら、という親はたくさんいるだろう。

そこまでひどい例でなくても、こういうメンタルな領域での治療が、アロマやヨガと一緒になっている例はたくさんある。さすがにそのあたりは私も別に違和感はないが、それでも全体としては、医者が黙認するなかで、「医療ではないもの」がたくさん混じっていて、そのなかには詐欺的と思われるものもあり、そして、そういうものが全体として、「本人がそれがよいと言うなら」「本人が望むなら」という論理で外からの批判や介入を排除している構造があった。これは、「本人がよければそれでよい」という論理に基づいた支配の構造だと思う。

だが、確かに当事者本人の意思は、最大限に尊重されるべきである。ここのところで私はいつも声が出なくなる。

たとえば、ポルノグラフィや性労働をめぐる議論。女性が「心から」望んで、喜んでそれをしている場合、それらのどこがどういう意味で「問題」となるのか。

もちろん、ポルノや性労働については、当人の意思があるか強制か、という問題は、最大のポイントのひとつではあるが、それでもそれがその問題のすべてではなく、たとえ本人が望んだことであるとしても、私たちは、その場で起こっているさまざまな問題について、批判や介入をすることができるし、必要である。

しかし、そのときに、「居場所を奪われた」と思う女性もいる。

数年前に、拒食症のAV女優がネットで話題になったことがある。私はそのジャケットの写真を見ただけだが、病的に痩せた女性の性行為の写真が載っていた。男性の欲望にはいろいろなかたちがあるものだな、と驚いた。

その女性がどんな人生で、どんないきさつでそのような仕事を選んだのかはわからない。しかし、そういう場で受け入れられ、優しくされて、そしてそこが居場所になっていく、ということは、充分にありえることだと思う。

勝手な想像だが、彼女は世間の良識や常識の介入を拒むだろうし、それは彼女の居場所を奪うことにしかならないだろう。


摂食障害の自助グループにも、何度か顔を出していた。いろんな女性がいた。少数だが男性もいた。ある女性は、死んだ猫を公園の土に埋めて、数日おきに掘り返し、それが腐敗していく過程をずっと見ていたという。別の女性は、リストカットが高じて両手両足の爪を自分でペンチで抜いていた。そして、わずかに生えてきた爪に真っ青なマニキュアを塗って、うれしそうに私に見せた。私は、おー、きれいやな、と言った。
自分で爪を抜く女性に対して、そんなことはやめろ、というのは簡単だ。しかし、それに何の意味があるだろうか。私たちには、彼女の青い小さな爪を見て、きれいだね、と言うこと以外に、なにかできることがあるだろうか。

本人の意思を尊重する、というかたちでの搾取がある。そしてまた、本人を心配する、というかたちでの、おしつけがましい介入がある。

私たちは神ではない。私たちが手にしていると思っている正しさとは、あくまでも、自分の立場からみた正しさである。これが他者にも通用すると思うのは間違っている。私たちからみて詐欺としか思えないような似非医学にはまっているひとでも、それはそのひとにとって「ほんとうに」必要なことかもしれない。私たちの勝手な視点からみて、とてもひどい状況にあると思うようなひとでも、それはそのひとにとって、「ほんとうの」居場所であるのかもしれない。

こういうときに、断片的で主観的な正しさを振り回すことは、暴力だ。
だが、私たちが心配しなければならないのは、神になったときどうふるまうか、ということだろうか。私たちは絶対に神になれないのだとしたら、神のような暴力をふるうこともまたできないのではないだろうか。
もちろん私たちは、神ではない人間として、ひどい暴力をふるうことができる。

あるいは、祈ることもできる。

瀕死の子猫を拾ったことがある。ドロドロに汚れて血だらけだった。頭に穴があいていて、顎《あご》にまで貫通していた。カラスか、人か、誰に何をされたのかはまったくわからないが、あれでよく生きていたと思う。まず動物病院に連れていって、抗生物質の注射をしてもらった。家に帰って風呂に入れて、血や泥を洗い流した。先住猫がいるので、子猫はとりあえず私の書斎に閉じこめて面倒をみることにした。傷のせいか、いつも小首をかしげていたが、あとで獣医に聞いたところ、片方の聴力をなくしているのかもしれない、ということだった。

拾ったところで助かるかどうかもわからないし、助かったとしても里親の当てがあるわけでもない。

あっという間に子猫は元気になり、体力も回復して、私のギターに元気にいたずらをするようになった。里親も決まり、無事に引き渡すと、またいつも通りの先住猫との生活に戻った。

しばらくしてから里親さんからその子猫の写真が届いた。驚くほど美しい、真っ白な優雅な猫に成長していた。


毎日、屠殺された動物の肉をうまいうまいと食っていながら、どうしていつも子猫を拾ってしまうのかわからない。それが子猫のためになるかどうかもわからない。

私はイルカや鯨の漁には反対だ。

確かに、毎日、牛や豚の肉を食っていながら、イルカや鯨を殺すことに反対するのは、理屈が通らない。私は別に、牛や豚ならいくら殺してもかまわないと言っているわけではない。

しかし、たとえ牛や豚を食べていても、イルカや鯨を殺すことに「反対を表明する」ことはできる。いまどきそんなもの誰も食べないし、鯨肉の場合は在庫も余っているらしいし、わざわざ殺さなくてもよいと思う。

それは確かに完全な論理ではないが、私たちはそれが不完全な意見であることを理解したうえで、それでもやはり自分の意見を表明する権利がある。

そしてもちろんそれは、批判されることになる。

もちろんそれは、たとえば外国人は出ていけとか、生活保護を廃止しろとか、そういう意見についても同じことがいえる。それぞれ、表明する権利がある。

そして、それらは、私たちの意見と同じく、批判を受けることを防ぐことはできない。

もし目の前に神があらわれたら、どうか私たちを放っておいてください、私たちに介入しないでくださいと頼むと思う。

しかし、神ではない私たちは、それぞれ、狭く不完全な自分という檻《おり》に閉じこめられた、断片的な存在でしかない。

そして、私たちは小さな断片だからこそ、自分が思う正しさを述べる「権利」がある。それはどこか、「祈り」にも似ている。その正しさが届くかどうかは自分で決めることができない。私たちにできるのは、瓶《びん》のなかに紙切れをいれ、封をして海に流すことだけだ。それがどこの誰に届くか、そもそも誰にも届かないのかを自分ではどうすることもできない。

エミール・デュルケムは、私たちが「神」だと思っているものは、実は「社会」である、と言った。

祈りが届くかどうかは、「社会」が決める。

災厄をもたらす悪しき神もいる。それと同じように、社会自体が、自分自身の破滅にむかって突き進むこともある。神も社会も、間違いを犯すことがある。

私たちは、私たちの言葉や、私たちが思っている正しさや良いもの、美しいものが、どうか誰かに届きますようにと祈る。社会がそれを聞き届けてくれるかどうかはわからない。しかし私たちは、社会にむけて言葉を発し続けるしかない。それしかできることがない。

あるいは、少なくともそれだけはできる。

アーシュラ・K・ル＝グウィンの『素晴らしいアレキサンダーと、空飛び猫たち』（講談社）は、私にとってとても大切な物語だ。翼を生やした、空を飛ぶ猫が出てくる「空飛び猫」シリーズのなかの一冊である。

やんちゃで生意気な普通の猫のアレキサンダーは、小さな「空飛び猫」と友だちになる。彼女は、空を飛ぶことはできるけれども、あることが原因で、口をきくことができない。言葉が出てこないのだ。

アレキサンダーはそこで、彼女に、とても大きな「おせっかい」をやく。

私はこの物語が大好きだ。それで救われたといってもよい。しかし、読むひとによっては、アレキサンダーのしたことは、他者の内面への余計な介入でしかないかもしれない。

ただ、やはり、わからない。ほとんどの暴力が「善意」のもとでふるわれるからだ。単に、結果的に良かったものを良かったと、そして結果的に悪かったものを悪かったと、事後的に分けているだけなのかもしれない。

「自分自身」というものがトータルに間違っている可能性すらある。

ゾンビ映画でよくこんなシーンがある。自分もゾンビに噛まれてしまったひとが、まだ正気が残っているうちに仲間に頼む。俺がゾンビになったら撃ち殺してくれ、と。

私たちはみな、ゾンビになったら殺してくれと頼むが、それと同じことをゾンビになった後で言うことはできない。

たまに、それまで普通のひとだった知り合いや友人が、とつぜん韓国や中国を激しく罵《ののし》り出したり、誰もそんな話をしてないのに、あの戦争は間違ってなかったと言い出すことがある。

強い恐怖を感じるが、いつも思うのは、むこうからしたら私たちも同じように見えているのだろう、ということだ。そしてさらに、「ほんとうにそうかもしれない可能性」についても考える。つまり、「実際に」いま生きている私という存在が、根底から間違っているかもしれないのだ。

私たちは黙っている方がよいのか。

最後に残るのは何だろう。私たちができるのは社会に祈ることだけなのだろうか。私たちには、「これだけは良いものである」とはっきりと言えるようなものは、何も残されていない。私たちができるのは、社会に祈ることまでだ。私たちには、社会を信じることはできない。それはあまりにも暴力や過《あやま》ちに満ちている。

私たちはそれぞれ、断片的で不充分な自己のなかに閉じこめられ、自分が感じることがほんとうに正しいかどうか確信が持てないまま、それでもやはり、他者や社会に対して働きかけていく。それが届くかどうかもわからないまま、果てしなく瓶詰めの言葉を海に流していく。

そして、たまに、海のむこうから、成長した美しい白猫の写真や、『素晴らしいアレキサンダーと、空飛び猫たち』という本が届くことがある。

だからどうした、ということではないが、ただそれでも、そういうことがある、と言うことはできる。

時計を捨て、犬と約束する

子どものときにひとりで、「数字を使わずに『数』をイメージできるか」という遊びをしていた。「1」とか「2」とか、「一」とか「二」という記号、あるいは、「イチ」とか「ニ」という音を一切頭のなかから締め出して、そういう記号や音を使わずに、「1」や「2」という数を、直接イメージできるだろうか。そういうことをずっとしていた覚えがある。数字や音を使わなくても、リンゴやみかんがその数だけ並んでいる情景が勝手に浮かんできて、結局はいつも失敗するのだが。

あるいは、いかなる楽器から出された音でもない「ド」や「レ」や「ミ」という音程を、イメージすることができるか。人間が演奏した音でも、機械が合成する音でもない、純粋な音程そのもの。

あるいは、白い壁をいつまでもじっと見つめて、その「白さ」を見ようとしていた。目に映る「白い壁紙」ではなく、その「白い」という色そのもの、その色が宿《やど》っている物質の質量をすべて排除し、その表面の色そのものをどれくらい「見る」ことができるか、ということをしていたのだ。

なにも解釈せずに、ただそのものを知りたい、と思う。それは、音や色などの抽象的なものばかりではない。

小学校一年からずっと、一匹のミニチュア・シュナウザーを飼っていた。家のなかでは、この犬が唯一の遊び相手だった。そして、この犬が、私が大学一回生のときに死んだ。彼女が死ぬ直前、一ヵ月ほどにわたって、私がひとりで、つきっきりで看病していた。事情があって、その間、実家に誰もいなかったのだ。だからそのあいだ、私とその犬のふたりきりだった。

全身に癌《がん》がひろがって、横たわったまま動けなくなっていた彼女の口のすきまに、せめて水分と栄養をと思って、小さじで牛乳を流し込んでいた。すでに排泄もしなくなっていたが、口のなかに流し込まれた牛乳を、彼女はぺろぺろと舐《な》めていた。

ある日、ちょっと用事があって三十分ほど外に出ているあいだに、彼女は死んだ。何も知らずに家に帰ってきて、玄関のドアを開けた瞬間の、しんと静まり返った感じで、死んだ、ということがすぐにわかった。彼女はもう声を出すことも動くこともできなかったので、生きているときでも物音はしなかったが、そのときは物音がしなかっただけではなく、単に静かであるよりももっと静かだったのだ。

彼女を抱いてその顔をよくみると、死ぬまえにちょっとだけ吐いていたらしく、口元がほんの少し汚れていた。私はすぐに、がりがりに痩せていた彼女と一緒に、風呂に入った。私は大声で泣きながら、自分も裸になって、彼女の死体を抱いて、お湯にいれて、シャンプーとリンスをした。風呂から上がって、タオルで拭いて、ていねいにドライヤーで乾かすと、まだ生きているみたいに、毛がふわふわになった。そうしているあいだに、彼女の体はちょっとずつ冷たく、固くなっていった。

犬の死に際を見てやれなかった、ということをいつまでも気にやんでいると、あるひとが私に、あなたに死に際を見せたくなかったから、出かけているあいだに先に逝ったんだよ、と言った。私は怒って否定した。

犬はそういうことを考えない。飼い主に気を使ったりしない。彼女はただ、ひとりで死んだだけだ。ただひたすら、死ぬ瞬間に一緒にいてあげたかったと、あれから二十五年以上たったいまでもそう思う。

彼女が私の「ために」ひとりで死んだ、つまり、彼女が私のことを「思って」、私を「悲しませないように」ひとりで死んだ、と考えることは、私がその場にいてやれなかったことを正当化し、その罪を赦《ゆる》すことである。それは確かに、何らかの慰めになるような考え方だ。だがそれは、ただの気休めでしかない。そしてそのような安易な気休めにすがることは、ひとりで死んだ彼女の孤独や、子どものころからの私の彼女への愛情を、まったく台無しにしてしまうことになるとしか思えなかった。

私たちは、なにかを擬人化することが好きだ。それはたぶん、私たちを取り囲む世界と「つながっている」気分にさせてくれるからだろう。世界というものが、私たちの言葉がまったく通じないものであるとすれば、それはとてつもなく孤独なことだ。

先日、壊れてしまった時計を捨てた。そのときに、せめて電池だけは抜こうと思ったが、電池の蓋もまた壊れていたので、しかたなく、電池が入ったまま捨てた。壊れたなりにしっかりと秒を刻《きざ》んでいるままの時計を捨てるときに、かすかに、生きている動物を捨てるような気持ちになった。

それはゴミ箱のなかでもしっかりと時を刻んでいただろう。そして火曜日のゴミの日になり、それはゴミ袋のなかに入れられる。やがて清掃局の車がそれを回収にくる。そのときでもそれは、何も知らずにずっと時を刻んでいる。車はやがて焼却炉に到着し、他の大量のゴミとともに、それは炎のなかに投げ入れられる。

それはいつまで動いていただろうか。焼却炉の高温の炎で焼かれて、やがて死んでしまうとき、痛みを感じただろうか。

私はその時計をゴミ箱に投げ入れるほんの一瞬のあいだに、そんなことを想像して、ほんの少しだけ胸が痛くなった。そのとき、私とその時計とのあいだに、なにかの細いつながりができたのだ。

しかし、言うまでもなく、こんなことはたわごとである。時計は痛みを感じないし、それが動いているからといって、生きているわけではない。だからそれは死なない。

私とその時計とのあいだには、私の側の一方的な想像以外には、いかなるつながりも存在しない。

私はそのシュナウザーを心から愛していたし、いまでも愛している。また彼女も私のことを、心から愛していた。しかし彼女は、別に私に気を使って私がいないあいだにわざと死んだのではない。彼女はそのときに、ただ単に死んだのだ。そして、死んでしまった彼女は、もうどこにもいない。私は彼女の匂い、声、仕草、重さ、手触りをはっきりと覚えているが、彼女のほうはもう私のことは何も覚えていないだろう。そもそももう存在すらしていないのだから。


私たちの人生には、欠けているものがたくさんある。私たちは、たいした才能もなく、金持ちでもなく、完全な肉体でもない、このしょうもない自分というものと、死ぬまで付き合っていかなくてはならない。

私たちは、自分たちのこの境遇を、なにかの罰だと、誰かのせいだと、うっかり思ってしまうことがある。しかし言うまでもなく、自分がこの自分に生まれてしまったということとは、何の罰でも、誰のせいでもない。それはただ無意味な偶然である。そして私たちは、その無意味な偶然で生まれついてしまった自分でいるままで、死んでいくほかない。他の人生を選ぶことはできないのだ。

ここにはいかなる意味もない。

私たちは、私たちのまわりの世界と対話することはできない。すべての物の存在には意味はない。そして、私たちが陥っている状況にも、特にたいした意味があるわけではない。そもそも、私たちがそれぞれ「この私」であることにすら、何の意味もないのである。私たちは、ただ無意味な偶然で、この時代のこの国のこの街のこの私に生まれついてしまったのだ。あとはもう、このまま死ぬしかない。

ジャズでもボサノバでも演歌でも、ある好きな歌があって、それをひとに聴かせるときに、その歌そのものを聴かせなければならない、ということは、当たり前のことではあるが、とても興味深いことだ。

たとえば私たちは、その歌のことを、言葉で表現することはできない。言葉によって、その歌の特徴や感じを描くことはできるが、その文字列を目にしたときに、その歌そのものが実際に耳に聴こえてくるような、そんな文章を書くことは絶対にできない。

子どものときに、自分の部屋に、小さな丸い石や、ガラスのかけらや、四角い磁石や、きらきら光る金属片などの「きれいなもの」を集めていて、ひまがあるとそれを手にとって、いつまでも眺めていた。そのときに私がしていたのは、それらを擬人化して、言葉によって会話するということではなかった。私はそれを、ただ見ていたのだ。

私とシュナウザーのあいだには、言葉によらない強い愛があった。彼女のまなざしや、耳の動きや、鼻の鳴らし方から、私はすべてを受け取ることができた。

私が小石やガラスや犬から学んだことは、黙ってそばにいる、ということだった。

ただ、こういうこともある。

近所にかわいらしいミニチュア・シュナウザーがいるカフェがあって、とてもかわいいのでときどき行く。その犬とはもう友だちみたいになっている。

店主に聞いたところ、そこで飼われているシュナウザーは、彼でもう四代めであるという。最初に飼われたシュナウザーのひ孫なのだ。そして、その店にシュナウザーが最初にやってきたのは、いまからもう三十年ちかくも前だという。それは、日本にはじめてやってきたミニチュア・シュナウザーの一族のなかのひとりだったらしい。

そして、私の家で飼われていたシュナウザーもまた、そのとき日本にはじめてやってきた一族のひとりだった。話ではそう聞いていた。

もちろん、犬を売りつけるときの、ただの売り文句だった可能性もある。しかし、この近所のシュナウザーは、あの夏に死んだ私の親友の親戚なのかもしれない。本当のところは誰にもわからないが、しかし私は、彼に会いにいくたびに、彼女のことを思い出す。そして、彼女はいまごろ元気かな、と思う。


あるとき夕方に、淀川の河川敷を散歩していた。ひとりのおばちゃんが柴犬を散歩させていた。おばちゃんは、おすわりをした犬の正面に自分もしゃがみこんで、両手で犬の顔をつかんで、「あかんで！　ちゃんと約束したやん！　家を出るとき、ちゃんと約束したやん！　約束守らなあかんやん！」と、犬に説教をしていた。

柴犬は、両手で顔をくしゃくしゃに揉まれて、困っていた。

犬と約束するおばちゃんは、擬人化しているというよりは、人と犬との区別がつかなくなっている、ということだと思う。それは擬人化よりももっと自然な状態だ。むしろあのおばちゃんは、人と人以外を区別しないひとなのだと思う。家の中でも外でも、植木鉢、人形、テレビ、台所、犬、猫、人、家、電車、すべてのものが平等に生きているのだろう。

そういう人生のあり方は、それはそれでとてもよいものだ。

物語の欠片

友人から聞いた話。

彼女は十年ほど前に、ある県のハンセン病患者のための療養施設に見学に行ったのだが、そこで一枚の絵を見たという。

ハンセン病とその「療養所」については、ここで詳しく述べることはできない。現在では強制的な隔離や「断種」のようなこともなくなり、入所している高齢のハンセン病者たちが、その余生を静かに暮らす場所になっている。

その施設を見学したときに、ロビーにたくさんの絵が飾ってあった。入所者が描いた絵だ。そのなかに、数枚の、女性のヌードを描いた絵があった。どれも長い髪の女性で、むこうをむいていて顔は描かれていないが、その乳房があざやかなピンクに塗られていた。

それを描いたのは、当時七十代の男性の入所者だった。話を聞くと、その女性の裸は、彼が十五歳のときにたった一度だけ目にしたものだった。

十代のうちに強制的にその施設に隔離され、それ以来ずっと、その裸の記憶を大切に、大切に持ち続けていたのだろう。そして、七十歳をすぎたときに、彼は絵を描くことをはじめた。風景などのいろいろな絵にまじって、彼は何枚も何枚も同じ構図で、記憶のなかの裸の女性を描き続けたという。

ハンセン病療養所のなかでは、強制的な断種や中絶もおこなわれていたので、子どもを持つことは難しかったが、入所者どうしの結婚が認められていたので、この男性がほんとうに女性と無縁の人生を過ごしてきたかどうか、その裸が彼が見た「唯一の」女性の裸だったのかは、わからない。しかし、結婚するとしても相手も入所者に限られていただろうから、その裸は、「外の世界」で見た、唯一のものだったことは間違いないだろう。

＊＊＊

若いころにたまに見ていたウェブサイトで、ある巨乳マニアが作るものがあって、その管理人が集めた巨乳の女性の画像が、データベースになっていて、大量に掲載されていた。

彼は独身で、年老いた母親とふたりで暮していた。巨乳の熱烈なマニアである彼は、余裕があるといつもそういう風俗に通っていた。そして、巨乳に対する熱い思いを、淡々と日記に綴っていた（当時はまだブログというものは存在していなかった）。

その日記がとても面白くて、私はときどき、思い出すとそのページにアクセスして読んでいた。

あるとき、その管理人が、癌であることを日記のなかで公開した。かなり末期の癌だった。そこから、その日記は、巨乳への思いを綴るものから、癌との闘病の記録になっていった。

そして、癌が進行して、ほんとうに最期になったとき、彼はあらためて、巨乳への思いを抱いたままひとりで死んでいくことについて書いていた。

大量の画像や動画を集め、専門の風俗にも足繁く通っていたのだが、これまで彼の理想の巨乳には、たった一度しか出会わなかったらしい。その風俗嬢は、すでにその店からいなくなっていて、もう二度と会うことはできない。

彼は、自分の人生には何も要らない、ただもう一度だけ、あの谷間に挟まれて眠れたら、それだけでいいと、何度も書いていた。

やがて彼は亡くなったのだが、そのサイトのコアなファンたちが、共同でそのサイトの維持をするということが書かれていた。

いまはそのサイトも消えている。

＊＊＊

沖縄で、ホームレスの支援をしている教会に行って、お話を聞いたことがある。

その教会は、おおきな寮を持っていて、百名ほどのホームレスの方がたを受け入れて支援しているのだが、その四割は、内地（沖縄県外）の出身だという。

かれらは、内地のいろいろな街を放浪してホームレスをしていたのだが、やがて暖かい南の島にあこがれるようになるという。そして、そのなかの何人かは、沖縄に、死ぬためにやってくるのだという。

暖かい、南国の、きれいな花が咲いている楽園のような場所で、最期をむかえるために沖縄にやってくる人びとがいる。

教会の牧師さんは、何名か、公園で実際に首を吊ろうとしていた男性を助けたことがあるらしい。

沖縄の人びとにとっては、それは自分勝手な、迷惑な話かもしれないが。

＊＊＊

もう十年も前、当時私と連れあいが住んでいたマンションで、猫たちを屋上で散歩させるのが日課になっていた。

ある夏の夜。出張か飲み会か何か忘れたが、私が家にいないときだったので、その夜は私の連れあいがひとりでおはぎときなこを連れて屋上に上がっていった。

マンションの住民は誰もほとんど屋上を使うことはなく、灯りも点いていなくて、真っ暗だった。時間はそんなに遅くない、十九時ごろだったらしい。連れあいが猫たちを連れて階段をあがると、屋上の出口に見たことのない段ボール箱があった。猫たちは気にせず広い屋上に駆け出していった。見知らぬ大きな段ボールに驚いた彼女は、なんかへんなもの入ってたら嫌やな、と、そっとそれを突っついてみた。

すると、ガサガサっという音がして、わっ、どうしようどうしようと思ってたら、なかから若い女の子が出てきた。普通の、大学生ぐらいの、地味な子だったらしい。身なりも普通で、手ぶらだった。そのとき、猫が屋上にいたから、猫たちを守ろうと、連れあいは強気に、何してんのっ、と聞いた。返事も反応もなく、むこうもおろおろしていた。こっちも怖いし、とにかく警察に連絡しようと、携帯を取りにいちど階下の自分の部屋に戻った。そして、また屋上に戻ってみると、そのほんの一瞬のあいだに、女の子は、段ボールごと消えていた。猫たちは家のなかに逃げ帰っていた。

＊＊＊

ある団地に住む親子の話。父親はまともな仕事をせず、ぶらぶらして暮していた。あるとき、あるヤクザの知り合いからもらった仕事が、右翼の街宣車の運転手だった。

知り合いはいても、父親自身はそうした世界とは無縁だったのだが、街宣車の運転という仕事をするにあたって、彼はパンチパーマをかけた。そうでもせんとかっこうがつかん、という理由だった。

あるとき、彼が急に髪を丸刈りにしていた。友人が驚いて、おまえその頭どないしたんや、と聞いた。

まだ小学生の息子が、自分の父親が右翼の街宣車の運転手なのは別にかまへんけど、パンチパーマだけは許されへん。自分のおとんがパンチパーマなんは、どうしてもいやや、と言ったらしい。

そう言われた父親は、すぐにパンチパーマの髪を丸刈りにしたのだった。

しばらく後に、街宣車の仕事も辞めたらしい。

＊＊＊

もうずっと以前のこと。若いときの友だちで、ひとりの女の子がいた。その彼氏も私の友だちだったのだが、ある夜、彼女はひとりで私の家に来て、長い話をした。その彼氏は、彼女にたいしてつらく当たっていたのだ。

あるとき彼女は妊娠したらしい。それでどうしたの、と聞くと、彼女は、中絶した、と答えた。あ、そうなんや。あいつ、せめてちゃんとカネ払ったか？　ううん。知らんねん。え、どういうこと。妊娠して堕ろしたこと、あのこに言うてへんねん。どういうことやねんそれ。なんでやねん。だって、言うたら捨てられるやん。

ひどいことばかりする男から捨てられたくなくて、彼女は、その彼氏にさえ言わずに、黙って自分ひとりで中絶をした。もちろん費用も、自分の貯金から払ったのだ。そして、そのあとも、何もなかったかのようにその彼氏と付き合っていた。

私は男性なので、自分が付き合っている彼女が、自分の知らないうちに自分の子どもを堕ろしていて、そして自分はそのことさえ知らずにいる、ということがどのようなことだろうと考えてしまった。

いまでは、私にはその心配がないことがわかっているのだが。

＊＊＊

数年前、朝はやく、連れあいといっしょに近所を散歩していた。家は大阪の街なかにあるので、すこし歩くと、すぐに盛り場になる。スナックやラブホテルが並んでいるところを歩いていると、あるラブホテルの前で、植え込みのなかに血だらけの若いスーツの男性が仰向けになって寝ている。そしてその横に、ひとりのおっさんがぼうっと突っ立っていた。

私は立っているほうのおっさんに話しかけた。どないしたんや、しぬで。救急車呼んだか？　いや、呼んでへん。呼んでへんて何でやねん。はよ呼べや。いや、要らんねん。要らんことないやろ。俺が呼んだるわ。

救急車を待っているときに、仰向けになっている男の足もとに、大きな革のビジネスっぽいかばんが置いてあった。私はおっさんのほうに、これあんたのかばんか?と聞いたら、そのおっさんは、俺のとちゃう、とだけ答えた。

救急車が来て、血だらけで植え込みに寝ていた男が担架《たんか》に乗せられたときに、私は救急隊員に、あ、このかばんもこのひとのものらしいですよ、と言った。そのときにおっさんは、あわててそのかばんを持って胸に抱きかかえた。何してんねん。そのかばん、あんたのものとちゃうんやろ、と言ったら、おっさんはいきなり、「ああん?」と、私を殴ろうとした。

あまりの意味のわからないことに私は驚いて、やんのかコラと言った。するとうんざりした顔の救急隊員が「まあまあ」と言いながら止めに入った。おっさんはかばんを持ったまま、男といっしょに救急車に乗り込んでいった。

＊＊＊

大阪の南のはずれに、我孫子《あびこ》という小さな街がある。散歩の途中に、そこの喫茶店で連れあいとコーヒーを飲んでいたら、ひとりの六十代ぐらいのおっさんが席に座った。

そのおっさんは、薄くなった刈り上げの頭髪に、なにかの整髪料をべったりとつけ、オールバックにしていた。レイバンのミラーサングラスをかけ、ライダースの革ジャケットで、おなじような黒い革のズボンに、黒いエンジニアブーツを履いていた。

おっさんは、席に座って、携帯電話にむかってなにかをずっと喋っていた。おっさんが喋っていたのは、おおよそ、「アーハー?」「オーイエー」「アイミスユー」「アイラブユー」の四つで、それをいろんな順番で、くりかえし喋っていた。

連れあいと私は、それを見ながら、あの携帯電話の向こう側には誰もいないんだろう、と話した。大阪の片隅の、小さな街の、小さな安っぽい喫茶店で、ワイルドでかっこいいおじさまが、ガイジンの彼女となにか喋っているところを演出しているのだろう。

＊　＊　＊

私の友人の連れあいが非常に感情的な女性で、夫婦喧嘩をするといつも家の中の物を破壊するらしい。一度は彼が仕事で使っているメインのパソコンを放り投げて壊したこともあった。

その日も激しい夫婦喧嘩をして、彼はノートパソコンを抱えて家を飛び出し、しばらくファミレスで仕事をしてから、数時間後に車で帰宅したところ、家がある方向に白い煙が一筋たちのぼっていて、なにかを焼くような刺激臭がした。

家に帰ってみると、彼の二千冊の蔵書がすべて庭に積み上げられ、灯油をかけられ、燃やされていたらしい。そして、その横で、何も知らない三歳の息子が、うれしそうにはしゃぎまわっていた。キャンプファイヤーのように見えたのだろう。

何をしてるんだ、と彼が大声で聞くと、彼女は息子の手をとって自分の車に乗り込み、そのまま行き先も言わずに出ていってしまった。

驚いたことに、行き先を告げずに出ていった連れあいの車を、彼は自力で、ほとんど勘で探し出した。しかし、車のなかには誰も乗っていなかった。

彼はさらに彼女の行動を予測した。彼女の実家の場所や、そのほかいろいろなことを考えあわせて、彼女は新幹線に乗って福岡に行ったに違いない。そう確信した彼は、すぐさま新幹線の駅まで急いだ。

しかしここで問題がひとつあった。彼は重度の閉所恐怖症だったのだ。彼は飛行機にも新幹線にも乗れないのだ。東京出張のときは、バスか鈍行で行っていた。それならなんとか乗れるのだ。

新幹線に乗るまえに、彼は、売店でワンカップの焼酎を買い、一気に飲んだ。そうやって酔っぱらっても、まだ不安だったので、彼は一冊のエロ本を買った。彼は泥酔した真っ赤な顔で、エロ本を握りしめ、新幹線に乗った。

そして福岡の駅に到着したら、そこに息子をつれた連れあいが立っていた。その場でふたりで号泣して、仲直りをした。

必死の思いで新幹線に乗っているあいだ、彼がなんとかその密閉された空間に耐えることができたのは、そのエロ本の真ん中に袋とじページがあったからだった。精神的なパニックがほんとうに耐えられなくなって、大声で叫びそうになったときに、その袋とじを破って開けるつもりだったのだ。そうやって彼は、新幹線のなかの、数時間の監禁を耐え抜くことができたのである。

ちなみにどういうページだったのそれは、と私が聞くと、彼は言った。パイパンの特集でした。

いまは、親子三人で、仲良く暮らしている。

あとがき

いま、世界から、どんどん寛容さや多様性が失われています。私たちの社会も、ますます排他的に、狭量に、息苦しいものになっています。この社会は、失敗や、不幸や、ひとと違うことを許さない社会です。私たちは失敗することもできませんし、不幸でいることも許されません。いつも前向きに、自分ひとりの力で、誰にも頼らずに生きていくことを迫られています。

私たちは、無理強いされたわずかな選択肢から何かを選んだというだけで、自分でそれを選んだのだから自分で責任を取りなさい、と言われます。これはとてもしんどい社会だと思います。

こういうときにたとえば、仲のよい友だちの存在は、とても助けになります。でもいまは、友だちをつくるのがとても難しくなりました。不思議なことに、この社会では、ひとを尊重するということと、ひとと距離を置くということが、一緒になっています。だれか他のひとを大切にしようと思ったときに、私たちはまず何をするかというと、そっとしておく、ほっておく、距離を取る、ということをしてしまいます。

このことは、とても奇妙なことです。ひとを理解することも、自分が理解されることもあきらめる、ということが、お互いを尊重することであるかのようにいわれているのです。

でも、たしかに一方で、ひとを安易に理解しようとすることは、ひとのなかに土足で踏み込むようなことでもあります。

そもそも、私たちは、本来的にとても孤独な存在です。言葉にすると当たり前すぎるのですが、それでも私にとっては小さいころからの大きな謎なのですが、私たちは、これだけ多くのひとにかこまれて暮らしているのに、脳のなかでは誰もがひとりきりなのです。

ひとつは、私たちは生まれつきとても孤独だということ。もうひとつは、だからこそもうすこし面と向かって話をしてもよいのではないか、ということ。こんなことをゆっくり考えているうちに、この本ができました。

とらえどころもなく、はっきりとした答えもない、あやふやな本ですが、お手にとっていただければ幸いです。

岸政彦

初出一覧

●イントロダクション——分析されざるものたち
「分析されざるものたち」『新潮』二〇一三年六月号(新潮社)を改題・修正

●誰にも隠されていないが、誰の目にも触れない
「世界の断片を集めること——社会学的「反物語」論」『新潮』二〇一三年八月号(新潮社)を改題・修正

●普通であることへの意志
『早稲田文学』二〇一四年冬号(早稲田文学)を修正

●祝祭とためらい
「Review of the Previous Issue 祝祭と内省——小川さやかとヤン・ヨンヒの作品における「他者」」『atプラス』二十三号(太田出版)を改題、加筆改稿

●手のひらのスイッチ/自分を差し出す/時計を捨て、犬と約束する/物語の欠片
書き下ろし

ほかはウェブサイト「朝日出版社第二編集部ブログ」に連載(二〇一三年十二月—二〇一四年十二月)

岸 政彦《きし・まさひこ》
一九六七年生まれ。社会学者・作家。京都大学大学院文学研究科教授。著書に『同化と他者化』(ナカニシヤ出版)、『街の人生』(勁草書房)、『ビニール傘』(新潮社)、『はじめての沖縄』(新曜社)、『マンゴーと手榴弾』(勁草書房)、『図書室』、『リリアン』、『にがにが日記』(以上、新潮社)、『調査する人生』(岩波書店)、共著に『質的社会調査の方法』(有斐閣)、『地元を生きる』(ナカニシヤ出版)、『大阪』(河出文庫)、編著に『東京の生活史』(筑摩書房)、『生活史論集』(ナカニシヤ出版)、『大阪の生活史』(筑摩書房)、監修に『沖縄の生活史』(みすず書房)などがある。本書で紀伊國屋じんぶん大賞２０１６受賞。『リリアン』で第38回織田作之助賞受賞。『東京の生活史』で紀伊國屋じんぶん大賞２０２２受賞、第76回毎日出版文化賞受賞。

断片的なものの社会学

二〇一五年六月十日　初版第一刷発行
二〇二五年六月二十日　初版第十九刷発行

著者　岸 政彦
ブックデザイン　鈴木成一デザイン室
カバー・本文写真　西本明生
DTP　濱井信作(compose)
編集担当　大槻美和(朝日出版社第二編集部)
発行者　小川洋一郎
発行所　株式会社 朝日出版社
〒一〇一-〇〇六五 東京都千代田区西神田三-三-五
電話 〇三-三二六三-三三二一／ファックス 〇三-五二二六-九五九九
http://www.asahipress.com/
印刷・製本　TOPPANクロレ株式会社

 ISBN978-4-255-00851-6 C0095